JN005383

バストを整えて
マイナス10歳♥

―全身のシルエットが見違える!―

Introduction

あなたは自分のおっぱい、好きですか?

―「愛せるおっぱい」を育てるのは何歳からだって遅くない―

あなたは自分のおっぱい、好きですか?

そう聞かれて「はい、大好きです♡」と迷いなく即答できるなら、あなたはとても幸せなひとです。

〈おっぱいの神様〉に救いを求めるまでもなく、〈おっぱいの天使〉として微笑みながら毎日を過ごせることでしょう。

でも、この本を手に取り、開いてくださっているということは……。

少なからずおっぱいに関する悩みやコンプレックスをお持ちなんだろうと思います。

それればかりか「おっぱい」とはコンプレックス製造機、トラウマの宝庫、老化を実感させる諸悪の根源だなんていう思いを胸に抱いている方も少なくないかもしれません。

わかります。わかりますとも！

だって、かくいう昔の私がそうでしたから。

誰かの視線を感じるたびに萎縮して猫背になってしまうほどの巨乳に生まれつき、自分に自信を持てなかったあの頃。妊娠出産を経てクーパー靭帯も伸び切り、さらにはその後そこから4～5カップもサイズダウンしてしまった貧乳時代。

私の胸はまさに〈コンプレックスのデパート〉状態でした。

下垂してシルエットも崩れ、産後クリニックの先生に相談しても、未来に希望を持てる言葉は返ってきませんでした。どうにも愛せない胸にどうしていいかわからないほど嘆き、傷つき、誰にも言えずに自己流の方法を試しては挫折し、悩んだ地獄の日々。

そんな過去を持つ私がいま、どうして『おっぱいの神様』となり〈10万人以上の女性のおっぱいの悩みを解消する救世主〉と言われるまでになってしまったのか？

答えはカンタンです。それは、私が絶対に諦めなかったから。

諦めなかったから、ではなく「絶対に」諦めなかったからです。

諦めずにありとあらゆる知識を取り入れ、おっぱいを再構築するための正しい方法を積み上げていったことで、私のおっぱいと人生は、40歳から激変しました。

キレイなおっぱい、理想のおっぱい、そして何より、私自身が愛せるおっぱいを絶対に手に入れると覚悟を決めた日から、奇跡が始まりました。

体の外側から、内側から、そしてメンタルから……。

ありとあらゆる方法を試し、学び、試行錯誤し、技術を習得し、生み出してきた日々。

その「諦めない力」によって生まれたメソッドは奇跡を起こし、伸び切ったクーパー靭帯を復元して年齢を遡らせ、さらには私自身の心の在り方を変えるほどの力を持っていました。

こんなふうに書くと、「ものすごく頑張らないとダメなのかな……？」と不安に思ってしまった方もいるかもしれません。

でも、ご安心ください。

『おっぱいの神様』のメソッドは、無理なく楽しく、デイリーに続けられる方法のみ。

何を隠そう私自身、ものすごくストイックでもなければ、真面目な優等生キャラでもありません。お酒が大好きで外食も当たり前、「日々楽しく生きる」をモットーとしている神様です（笑）。

人間、ガマンしたら何事も続かないし、上手くいかなくて当たり前。

なんせ、「ガマンによるストレスは、大きなおっぱいだって思いきり萎ませてしまう威力がある」ということは、私がこの胸で実証済みなんですから。

この本には、バストアップの方法だけではなく、私のメソッドの基本となる「メンタル」と「食生活」によるベース作りの方法がしっかりと盛り込まれています。

いままで何をしてもダメだった、という方にこそ、美しいおっぱいを生み出すための土台づくりが必要です。

様々なアプローチによる「おっぱいに効かせる」方法の中から、ご自身の生活の中で取り入れられそうなものを無理のない範囲で、まずは実践してみてくださいね。

思春期以降、20代、30代と、いつだってコンプレックスだった私のおっぱい。

当然、そんなおっぱいの持ち主でもある自分自身のことも大嫌いでした。

でもいま、私は胸を張って言えます。

「自分のことが大好き！　そして私のおっぱいは世界でいちばん♡」と。

もしかしたら、私がコンプレックスだらけの胸で長年生きてきたのは、みなさんの幸せなボディメイクをお手伝いする『おっぱいの神様』になるための試練だったのかもしれません。

あなたがもし、いまおっぱいのことで誰にも言えずに悩んでいるのなら……。

あなたのおっぱいだって、絶対に変わります。

○歳だからもう手遅れ、なんていうことは決してありません。

現に、私のお客様の中には60代以上のマダムもいらっしゃいますが、彼女たちの素敵な変化がそれを証明してくれています。

何歳からだって、遅くはありません。絶対に変われるんです。

あなたの愛する理想のおっぱいを思い描いたら、準備は完了です。

さあ、諦めず、楽しみながら前に進むのみ！

『おっぱいの神様』寺澤佑実子

CONTENTS

Ⅱ BODY

Ⅲ FOODS

Issue 5 「〇〇」だけでおっぱいが育つ5つのRule

Issue | 1 |

おっぱいの神様が「神化」するまでの茨の道

コンプレックスの塊

思春期の頃から、私は本当に自分の胸が大嫌いでした。

母に似て大きく豊満に育ってしまった胸。

年齢を経れば、いつか醜く垂れ下がってしまうであろうことも、母の姿、容姿の変化を見ていれば一目瞭然でした。

母のような胸にはなりたくない！

その一心で過ごした思春期でしたが案の定、私の胸はスクスクと順調に成長し続け、ついには90センチ越えのEカップに。

胸が大きければ巨乳ともてはやされる風潮も確かにありましたし、小さな胸に悩む方からすれば、贅沢な悩みだと思われることなのかもしれません。

それでも、当時の私はそんなふうに前向きに捉えることなんてできませんでした。

男性からジロジロと胸のあたりばかり見られることもありましたし、せっかく恋愛しても「結局は私を好きなんじゃなくて胸が好きなだけだったんだ」と思い知らされ、悲しい思いをしたこともありました。

そのうえ、「胸が大きい女ってなんだかバカっぽいよね」「大きい胸って絶対に年いったら垂れてくるよね」なんてコソコソと言われたり。

数々の心無い言葉や行動に傷ついた私は、自分の胸を呪うしかありませんでした。

当時、私にとっての「胸」は「おっぱい」、という愛おしい響きを持つ大切なものではなく、私を落ち込ませるだけのただの身体の一部でしかなかったのです。

どうにかして主張の激しい胸の存在を隠そうと、全くサイズの合わない小さなブラジャーにグイグイと胸を押し込めて、女性らしさを封印するためにあえてビッグサイズのメンズ服を着て過ごした青春時代。

いまどきのオシャレ系女子のユニセックスとは違い、コンプレックスを隠すためのファッションですから、楽しかろうはずもありません。

そうなんです。私は人生も女性らしさも、まったく楽しんでいませんでした。

せっかくの若さを満喫もせずにコンプレックスに打ちひしがれ、背中を丸めて過ごしていたのですから。

本当にもったいないですよね。

同じ大きさな胸でも、豊かな胸に感謝して自分らしいファッションを楽しみ、男性からも女性からも愛されて、笑顔で過ごしているひとだってたくさんいるというのに……。

現にいま私のサロンに通ってくださる著名人の方の中にも、大きな胸の美しさを最大限に磨き上げ、プロフェッショナルとしてグラビアのお仕事をいきいきとされている方も大勢いらっしゃいます。

そんな方々からすれば、私の悩みなど「まったく意味がわからない」と思うはず。

そうなんです。問題は大きいか小さいかではなく、私の認知、ものの見方や捉え方にあったのです。私は自分の胸が嫌いであると同時に、「自分のことが嫌い」でした。

自分のことが嫌いならば、自分の胸だって好きになれなくて当然です。

だからこそ、その後まさかの「小さな胸」になっても思い悩むことになるのです。

巨乳と貧乳のジェットコースターの果てに

人並み以上に大きなおっぱいが、本当にずっと嫌でした。

でも、それなのに……。人生って本当にいろいろなことがあるものです。

様々なストレスで自分を見失いかけていた30代の頃、私の胸に信じられない異変が起きたのです。

まず、人生の大きな挫折経験となった33歳での離婚を機に、食欲不振やうつ状態から体重もバストも激減、1ヶ月で10キロも体重が落ちるほどの状態に。そして数年後、当時銀行員として働いていた私は、仕事上のとある事情で「嘘」をついてしまったストレスから、またも食欲不振と不眠、さらには顔面麻痺の症状にまで襲われたのです。

どんなに悩みやつらいことがあっても、他人にも自分にも「嘘」だけはつかずに自分に正直に生きてきた自負があっただけに、私にとってその出来事は、思っていた以上に心の負担となっていました。

浅い眠りのせいか、たびたびの悪夢で目覚める日々……。

久しぶりにふと鏡を見ると、そこには衝撃の姿、ならぬ衝撃の貧乳が！

長らくこの異変にきちんと向き合えていなかったものの、気づけば私の胸は極度のストレスとうつによる食欲不振、睡眠不足によって、激的な変化を引き起こしていました。

測ってみると、サイズは驚きの4カップダウンのAダッシュ！

しかも、ただサイズが小さくなっただけではありません。

鏡の向こうには見るも無惨な、ぺったりと貧相で可哀想なおっぱいが情けなくタラっと垂れ下がっていました。しかも、これまでの巨乳の皮袋は残ったまま、萎みに萎んでしまったのですから、垂れてしまうのは当然ですよね。

自分のことなど構うゆとりもない時期でしたが、思い返せばその頃、サイズの合わないブラジャーのアンダーから、お恥ずかしいことにおっぱいがダラッと飛び出して「こんにちは」してしまっていることだって、しょっちゅうありました。

この時期は、「巨乳」で悩んでいたはずの私が、今度は「貧乳」に悩むこととなり、はからずも、胸が小さくて悩んでいる方の気持ちを実感するきっかけにもなりました。

でも、どちらにしても結局、私は自分の胸を愛せていなかったんです。

大きくても、小さくても、若くても年齢を重ねても、この悩みは解決しない。

私、このままじゃダメだ。

その絶望と、もう落ちるところまで落ちたな、という感覚が私のなかの何かを変え、スイッチを押してくれたような気がします。

そこからは、もう必死でした。

なんとしても理想のおっぱいを手に入れるんだ、という一心で、美しいおっぱいづくりに繋がりそうなものはすべからく、片っ端から試してみることに。

ですがこの頃は、ネットや雑誌で得たなんとなくの知識をもとに自己流で挑戦しまくる、といった類の努力でしたから、どれも成果は芳しくありませんでした。

自分なりに育乳マッサージを施すも、グリグリと痛いだけでなんの効果も得られなかったり、選び方や付け方を間違えているために、高い補正下着に投資してもかえってバストラインを崩してしまったり……。

まさに黒歴史以外の何ものでもない日々でしたが、この「ジタバタ」も決して無駄なことではなかったと、今では思っています。

〈おっぱい革命〉はこうして起きた

自分に自信を持てるおっぱいを絶対に手に入れる。

その思いが私を、そして私の人生を突き動かしていました。

その頃、銀行員からネイリストへと転身していた私は、自分のサロンの立ち上げや運営にあたって様々な起業家セミナーに参加していました。以前から、自己啓発や心理学などをはじめとする多くの書籍を読み込んではいましたが、それらから得た知識や気づきによって、徐々に私自身のメンタルや意識にも変化が起きていたのです。

胸に関するコンプレックスと自信のなさを理由に、これまで自分のことを好きになれずにいた私でしたが、その気持ちが次第に「私が私を一番に愛してあげなくて、他の誰が私を大切にできるの？」という思いに変わっていきました。

さらに、これまでのことを考えると、自分がネガティブな方向に意識を向ければ向けるほど、その恐れが現実に変わってきたように思えたのです。

じゃあ、もしその逆をしたらどうなんだろう。

「私ならできる！」「きっと上手くいく」「私は私のことを世界一好き♡」……ｅｔｃ．

まずは恐れや不安から生まれる言葉を、すべて希望とワクワクする肯定的な言葉に変えていくようにすることから始めてみました。

するとどうでしょう。何かつまずくポイントがあったとしても、「この失敗はきっとこの先の成功のチャンスになる！」というふうに思えるようになったのです。

そんなふうに考えられるようになってからは、毎日毎日、私は自分を愛おしくてたまらない、大切な存在として扱うようになりました。

そうなると、これまで「なんとかしなくてはならない苦行」のようだった胸の悩みに対しても、もっと前向きな気持ちで「大好きな私のために、諦めずに理想のおっぱいを必ず手に入れよう」というふうに意識が変わっていきました。

ただ、いくら意識だけが変わったところで、そう一朝一夕にはコトは解決しません。

この頃の私は、最後の手段として美容整形外科で垂れてしまった乳房の縮小手術をして、伸び切った乳腺を切除する手術を受けることまで検討していました。

実際に、美容クリニックに相談に伺ったこともあります。

このとき医師から「伸びてしまったクーパー靭帯をもとに戻すことは不可能です」と

宣告されてしまったこともあり、これはもう手術しかないのかも、と悩みに悩みました。

でも、当時の私からしたら莫大な費用でしたし、実際に術後、自分自身が納得できる仕上がりが叶うのか、という懸念もありました。

結局、様々なリスクを考えると、私にとってはそれが最善とは思えなかったのです。

もし手術を受けても、それが納得のいかないものになれば、長年の悩みが解決するどころか、努力してもいっこうに報われない負のスパイラルに陥ってしまう。

それでも、この悪循環をどこかで断ち切らなきゃいけない。

そう思えば思うほど、それができるのは私自身しかいない、と思うようになりました。

素人が聞きかじりの情報で試した自己流の方法がダメなら、本物の知識を磨けばいい。

自分の理想のおっぱいをつくれるのは、私しかいない！

そんなふうに思えたとき、自然と覚悟が決まりました。

いつだって「今日が人生最高のおっぱい♡」

覚悟を決めたものの、覚悟を決めればそれですぐに神様になれたのかというと、決してそうではありません。

銀行員としてのキャリアを捨て、まったく畑違いのネイリストとなり、結婚・出産、さらには離婚を経てきた私にとって「変わること」というのは、より良くなること。

変わるために学びは必要だし、それによって成長したら、変化することも必要。

私が自分で始めたネイルサロンにとってもそれは同様で、その頃、何か新しいメニューの導入が必要な時期に差し掛かっていました。

新しいことをやるからには、お客様に喜んでもらえて、自分自身でも興味があることができたらベスト。そう思ってアンテナを張っていたところ、たまたま大阪でサロンを展開していた友人から「すごく喜んでもらえるバストアップの施術がある」という話を聞いたのです。

すると、それを聞いていた私のサロンのスタッフが大興奮！

「そんな施術があるなら絶対やってみたい！　試したい！」というのです。

しかも、3人いたスタッフのうち、全員が興味津々で「私もやりたい」と大騒ぎ。

私自身に「バストサイズを大きくしたい」という願望はなかったものの、そんなに需要があるならと、半信半疑でスタッフと共にその施術を受けてみたのです。

実際に、その施術はとても効果を感じることのできるものでしたので、当然スタッフたちは大喜び。

もとはといえば、ネイルサロンだってお客様の喜ぶ顔が嬉しくて始めたこと。

彼女たちの嬉しそうな笑顔をみて、これはきっとお客様にも喜んでいただけるはずだし、やる価値がある、と確信しました。

それに、「サイズアップ」が自分には必要なくとも、「バストアップして自分の理想のおっぱいをつくる」ことならば、それはまさに、私のライフワークでもあります。

こうして私は、自分のサロンにバストアップの施術の導入を決めたのです。

ところがこの施術、多くのお客様に喜んではいただけたものの、すべてのお客様にご満足いただけるような結果がすぐに出せたわけではありません。

不思議なことに、お客様によってかなり効果にバラつきを感じたのです。

効く人にはテキメンに効くけど、効果が出るまでに随分と時間のかかる方もいる。

これはいったい、何の違いなんだろう？　同じ金額をいただくのに申し訳ない……。

個人差といってしまえばそれまでですが、そんな理由づけで諦める私ではありません。
誰もが結果を出せる唯一無二の施術、独自のメソッドを編み出したい！

そんな思いを抱いた私は、サロン業務と並行して身体の構造や骨格、臓器のこと、栄養学、自律神経やホルモン分泌のことを勉強し、おっぱいに関するありとあらゆる知識を身につけることにひたすら邁進しました。

医師免許こそ持ってはいませんが、医療に従事されているお仕事をされているお客様からもびっくりされるほどの『おっぱいの神様』の知識は、この時に培われたものです。

こうして、最初の施術法をベースに7年の歳月をかけて独自に発展させていったのが、10万人のお客様のおっぱいに奇跡を起こし、現在も多くのお客様に喜んでいただいている、バストアップサロン『Ｒｏｃｏｃｏ』の施術であり、私の長年のコンプレックスを解消し、「神化」させてくれたメソッドでもあります。

人生の折り返し地点も近づいてきた私ですが、幸せなことに「自分のおっぱいが世界で一番好き♡」という気持ちを日々、更新することができています。

Issue1
point

ポジティブな理想を
リアルに描けば、
人はいつからだって
変われる!

Issue |2|

おっぱいは
大きい「だけ」で
いいのか

理想のおっぱいとは──トレンドのハンサム胸って何？

さて、1章では私の胸コンプレックスとそれを解消するにいたった「おっぱいの神様」メソッド誕生までをお話してきました。

この章では、おっぱいについて悩むみなさまの心の柔軟体操を兼ねて、あなたが思い描く理想のおっぱい実現のための意識改革の土台づくりをしていきたいと思います。

あなたの理想のおっぱいとは、どんなおっぱいでしょうか。

世間一般が「美人だと思う顔」を例にとってみてもわかるように、「理想」とはその国や時代によって変わってくるものです。

現代の日本では、大きからず小さからず、C〜Dカップほどの均等で下垂していない胸、というのがいわゆる万人ウケする一般的な「理想のおっぱい」だそうですが、これは、実際に施術にいらっしゃる方が希望されるおっぱい像ともちょうど合致します。

ほとんどの既製服の身幅も、それくらいの比率で作られていますから、多様なファッションを楽しむためにも、とても現実的な理想ともいえるでしょう。

よく「おっぱい」といえば男性視点で語られることが多いですが、巨乳ブームに沸いた一昔、二昔前とはだいぶ世相も価値観も変わってきたように感じます。

近年、女性誌のバスト特集においても「ハンサム胸」というインパクトのあるネーミングが話題になりましたが、これも「ブラやパッドで盛らない、ありのままのナチュラルな胸」のことを指すのだそうです。

確かに、小さな胸に悩んでいるお客様でも「ただサイズを大きくしたい、というわけではない」とおっしゃる方も少なくありません。

無理をして取り繕わずとも、ありのままの姿で凛として美しくいられるおっぱいこそが、現代女性が求める理想のおっぱいなのかもしれません。

ん？　でも、これって何か別のことにも置き換えられませんか？

そう。「こうありたい私」です。

一過性のハリボテで装飾しなくても、内側から滲み出る優しさや知性、品格によって自然と滲み出る魅力を持つ女性。

このベースがあってこそ、ファッションもメイクもその身にまとったときの輝きが増すというものです。おっぱいはインナーや服を着ていれば見えないものだけに、表面上は取り繕えたとしても、自分自身への「嘘」は通用しません。

ですから、理想のおっぱいを手に入れたいと願い、向き合うことは、理想の自分を手に入れたいと願うことに他ならないのです。

おっぱいは「あなた」そのもの。

これは、多くのお客様の「おっぱいの悩み」に向き合い、その思いやコンプレックスを解消したことで、様々な方の人生の「チェンジ」を目の当たりにしてきたからこそ言えることでもあります。

さて、この書籍の冒頭でも「あなたは自分のおっぱいが好きですか？」という問いかけをさせていただきました。

実はこれはそのまま「あなたは、あなた自身のことが好きですか？」という問いかけでもあったのです。

女の自信は「姿勢」に怖いほどあらわれる

あなたが、あなた自身とおっぱいに対して愛情を持っているかどうか。

これは、考えている以上に私たちの身体と心にさまざまな影響を及ぼします。

たとえば、それが一番顕著に出るのが「姿勢」。

自分に自信があると、姿勢は良くなりやすいです。

いわゆる「胸を張って生きていられる状態」ですよね。

コンプレックスが強い方は、以前の私と同様、背中を丸めて猫背の姿勢で過ごすことが多くなります。気持ちが萎縮していたり緊張状態になっていたりすると、自然と身体のほうも縮こまってしまうのです。

身体が縮こまるということは、背中周りの筋肉が常に張っている状態になりますから、血流も悪くなり、肩こりや首こりにも悩まされがちになります。

さらに、自律神経は脳幹を通して脊髄を通っているため、背中周りの筋肉の緊張は自律神経の乱れにもつながります。

前章で、サロンのメニューにバストアップの施術を取り入れた際、私が最初に当たった壁として、お客様によって効果の出るまでにものすごく早い方と遅い方がいた、ということをお伝えしました。

それはまさに、この「姿勢」とそれによる「骨格の歪み」や「自律神経の乱れ」からくるものだったのです。

効果が早く出る方は、骨格に歪みがなくて姿勢が良い方が多く、逆に、肩が内側に向く「巻き肩」や骨盤の歪みによって「反り腰」になってしまっている方は、効果が出るまでに時間がかかってしまっていたのです。

ですから、『おっぱいの神様』式バストアップメソッドでは、まずはこの背中の緊張を緩めて血流を良くし、骨格の歪みを改善して整えることを大切に考えます。

施術をしていくうち、ご自身でも効果を実感されて内側からの自信がついてくるのか、それまで猫背になりがちだったお客様の背中がスッと美しく伸びていき、表情も晴れやかに変化していくのを、私は何度も目の当たりにしてきました。

姿勢の悪さは、こうした内面の精神的なストレス状態からも生まれますが、こうしたストレスと、肉体的なストレスは密接に関係しあっています。

ですから、いろいろなことをガマンしてストレスを溜め込むクセを手放すのと同時に、身体がストレスを感じて筋肉が緊張状態になっているのをほぐすのも大切なのです。

身体の余分な緊張がとれて背中がフッとゆるむと、自律神経が整いやすくなります。

自律神経が整うことで血流やリンパの流れが良くなり、全身の細胞に活力が行き渡ると、おっぱいの細胞も元気になります。

そして、この身体の土台ができることによって、おっぱいはふっくらと大きくなりやすくなり、施術の効果は何倍にもなっていくのです。

身体の緊張をゆるめ、「巻き肩」や「反り腰」を改善するエクササイズ方法は、この後の〈ボディ編〉でお伝えしていきますので、ぜひおうちで実践してみてくださいね。

ガマンする「干物おっぱい」と
愛される「色っぽおっぱい」

話は少しおっぱいから離れますが、私がおっぱいづくりの土台としてお伝えし続けている、「自分を好きで、大切にできているか」ということは、恋愛や人間関係にも大きく関わってきます。

自分を好きになれない状態では、誰かから愛情や好意を受けても、意識のどこかで「そんなことあるわけがない」とその好意を跳ね除けてしまいます。

ポジティブな感情に対してすらこうしたネガティブな反応になるのです。

ですからたとえば、失敗した時に誰かが良かれと思って注意してくれたとしても当然、「私のことが嫌いだからそんなふうに否定するのだ」などと思ってしまうのです。

反対に、自分を愛し大切にできている状態であれば、感謝をもって他者からの愛情や好意を受け取ることもできますし、叱られたとしても「私のことを心配してくれてありがたい！」と素直に思えるはずです。

こんなふうに、同じ状況であっても捉え方ひとつで、その受け止め方は全く違うものになります。

本当に不思議なことなのですが、こうしたイメージや感情は、人間の身体の細胞レベルで反応します。

自分に愛情を持てず、愛情を信じられない虚しさのなか、本当の願望をガマンして諦めの状態で生きるのか。それとも、愛し愛される幸せを実感しながらありのままを受け入れ、感謝や前向きな希望でワクワクしながら生きるのか。

前者のような感情に支配されると、ストレスや自律神経の乱れによって血流が滞り、おっぱいは萎縮し、大きくなりづらい状態に陥ります。

いってみれば、スカスカの「干物」おっぱい状態になってしまうわけです。

さらには「どうせもう歳なんだから仕方ない」「誰に見せるものでもないんだから」なんて諦めの境地に至ってしまえばしまうほど、平気でサイズの合わない使い古しのブラジャーをつけ続けたりして、おっぱいに手をかけてあげなくなってしまうのです。

こうした意識の状態が、おっぱいの「干物化」をどんどん推し進めていきます。

一方、後者のような感情で過ごしていると、当然ストレスも感じにくいため、血流が滞ることなく、のびのびスクスクとおっぱいは成長していきます。

心にゆとりがあることで、ボディメンテナンスやランジェリー選びなど、見えない部分にしっかりと手をかけてあげることも楽しみながらできるはずです。

柔らかく、ふっくらした「色っぽおっぱい」は、こうした精神状態でこそ育ちやすいといえます。

育乳のベース作りの第一は、「どうせ、こんな胸じゃ愛されない」という思い込みやネガティブな感情を捨て去ること。

そして、自分の幸せをガマンするのをやめることです。

おっぱいで「人生が激変しちゃう」こともある

ネガティブな感情を捨て、自分の幸せをガマンするのをやめる。

自分を愛せていない状態の人は、これがなかなかできない人が多い気がします。

大切なのは、欲しいものは欲しいと素直に思うことや、なりたい自分、なりたいおっぱいをしっかり具体的にイメージすること。

当たり前のことではありますが、おっぱいも十人十色、色々な形があります。

似た形状のおっぱいでも、それをコンプレックスに感じる方と、そうではない方がいます。過去の私のように、美容整形をしてでも現状を変えたいと思い詰める人もいれば、年齢を重ねて下垂してきたおっぱいでも愛おしいと感じられる人もいるのです。

顔だって同じでしょう。

私の周りにも、綺麗で可愛くて、はたから見れば何も問題ないように見えるのに整形願望のある若い子がたくさんいます。もちろん、私は美容業界の人間ですし、整形そのものの否定論者ではありません。でも、あとココがもう少しこうだったら、と思い悩んで整形を繰り返さずにはいられなくなる人もいれば、個性を活かしたメイクを取り入れ、自分らしさをいきいきと表現して楽しんでいらっしゃる方もいますよね。

おっぱいだって、それと同じなんです。

「どうせ、こんな胸じゃ愛されない」という思い込みが、ネガティブな感情やコンプレックスを増殖させてしまう。実際、私も自分のことが嫌いで仕方なかった頃、人生の二番目のパートナーの言葉に、ひどく傷ついたことがあります。

それは「おっぱいが大きい女の子って好みじゃないんだよね」という彼のひとこと。当時の私からすれば「それは、私のこと好きじゃないって言ってるのと同じだよね」としか思えませんでした。

彼の言葉の真意は「好みに関係なく愛してしまうほどに私のことが好き」というめちゃくちゃポジティブな意味を含んだものだったのですが、この言葉をそんなふうに捉えられるようになったのは、ずいぶんと月日が経ち、私が自分を大好きと思えるようになってからのことです。

本来、容姿や性格、それぞれの個性なども含め「みんな違って、みんないい」はず。私だって、もっと早く今のように自分のことが大好きになれていたなら、彼に「そうなんだね。私、最高でしょ？」と自信を持って切り返せたと思います。

正直、今だって形が完璧に整っているわけじゃない。

完璧じゃないけれど、でももはや「そこも含めて大好き」になれたんです。

理想のおっぱいを叶えるために、何より大切なのはメンタルの土台づくり。

そして、自分のことを大好きになれれば、それだけでまずその一線はクリアできます。

実際に、私の施術中のお客様との会話は、メンタルカウンセリングのような雰囲気になることも少なくありません。

通っていただくうちにマインドとおっぱいが変わり、これまでは気になる男性がいても自分から声をかけたりアクションを起こしたりできなかったというお客様が、見事好きな人を射止めた、と伺ったこともありますし、「ここはまるで人生&恋愛相談室みたいだよね」と言ってくださる方もいるほど（笑）。

たかが「おっぱい」、されど「おっぱい」。

それだけで人生が変わることだってあるのです。

Issue2 point

おっぱいを整えるなら、
まず最初に
メンタルを整えること

Issue |3|

「老け胸」でオバサン化が加速!?

40歳過ぎたら「老け胸」になるのは必然？

25歳は「お肌の曲がり角」、なんてよく耳にしますよね。

では、「おっぱいの曲がり角」は幾つだと思いますか？

おっぱいだって同じお肌なんだから25歳？

それともやっぱり身体に劇的な変化をもたらす妊娠・出産・授乳を経た後くらい？

いいえ、これがまさかの20歳、ハタチからなんです。

「おっぱいの曲がり角」、意外と早いでしょう？

人間の体内には、常に体内を巡り血液やリンパの流れをサポートしている微弱な電流、「生体電流」というものが流れているのですが、この巡りが衰え始めるのが20歳頃からといわれています。

加えて、体内で生成されるコラーゲン量もこの頃から減少に転じ始め、乳腺自体のコラーゲン量の減少にともない、「おっぱいのハリ」も失われていきます。

ですから本来は、このタイミングからおっぱいケアの正しい道を選択し、成長に導いてあげなければ、将来的におっぱいのエイジングは進みやすくなってしまうのです。

例えば、ブラジャーの付け方を間違えていたり、デザイン性の高さを追求して身体に合わないものをつけ続けたりすると、胸の形はあっという間に崩れ始めます。

ですから、「40歳を過ぎる頃からおっぱいが急に老けた！」と感じているのであれば、妊娠・出産・授乳による変化や加齢によるたるみなどに加えて、20歳以降からの日々の習慣の積み重ねが一気に表面化してきているから、と考えるとわかりやすいかもしれません。

これまで多くの方のバストの悩みに接してきた私ですが、その悩みの筆頭に挙げられるのが、おっぱいが下垂してしまう「垂れ胸」です。

年齢を重ねれば重力でたるむのは必然、というご意見もあるかもしれませんが、「おっぱいの神様」から言わせていただくと、「垂れ胸の原因＝バストトップの位置の設定間違い」といっても過言ではないと思っています。そして実はこれ、ブラジャーの選び方、付け方で劇的に改善できる可能性があるのです。

「垂れ胸」で悩む方に多くみられるのが、アンダーバストのサイズが合っていないブラジャーを長年つけ続けていること。

そして、それによりバストトップの位置の設定ミスをしていることなのです。

正しいバストトップの位置は、「ご自身の頭ひとつ分を下げた位置」ですから、これより低い位置にバストトップがくるブラジャーをつけているなら要注意！

おっぱいはどんどん下に垂れていってしまいますよ。

正しい位置にバストトップが来るようにアンダーバストを合わせることを意識し、しっかりバストをサポートしてくれる補正下着をつける習慣をつけましょう。

アンダーの位置が上がると、それだけでマイナス10歳は若見えします。

正しいブラジャーの選び方、付け方に関しては後の章で詳しくご説明しますので、そちらを参考に、バストを老けさせないブラジャー選びを心がけてみてくださいね。

おっぱいは年齢とともに変化しますが、「老け胸」は必然ではありません。

あなた自身の日々の習慣こそが「老け胸」を作り出している可能性があります。

ですから、その習慣を正しく改善することで老化ダメージを最小限にしつつ、美しいおっぱいを再構築しようとすることが大切なのです。

「気持ちと女性ホルモン」が加齢を無効化!?

意外と早かった「おっぱいの曲がり角」。

間違った習慣を正していくことで、老化のスピードを緩めたり修正したりすることができることはお伝えしましたが、では、「成長させる」ことはできるのでしょうか。

私たちのおっぱいは、曲がり角を曲がってしまったが最後、生物学的にはもはや下降していくしか為す術はないのでしょうか?

いいえ、そんなことはありません。

そもそもおっぱいが大きくなるのは、子どもを産み育てるという本能によるもの。実際に、20代、30代で妊娠しても、40代、最近では50代という例もありますが、妊娠すれば何歳であろうと胸は成長曲線を描いて大きくボリュームアップします。

このメカニズムを簡単に説明してみましょう。

妊娠によって、母乳を作り出す準備が必要になると、母体は体内に水分を多く蓄えるようになり、乳腺も大きく発達してきます。

そして、その大きくなった乳腺を守るように、乳房内にも脂肪がたくさん蓄えられ、おっぱいは大きく成長します。母乳を出し始める時期になると、乳腺はさらに太く、大きくなっていきます。

ですから、おっぱいの成長は妊娠・出産ができる時期すべてにおいて可能であり、卵巣が機能し、女性ホルモンを放出してくれるかぎり、おっぱいは大きくなるといえます。さらには驚くべきことに、たとえ閉経してしまった後であっても、おっぱいを大きくすることはできるのです。

実際、私のお客様の中にも、60代を過ぎてからおっぱいがふっくらと成長した方や、閉経後にも関わらず月経が復活してしまった、なんていう方もいらっしゃいます。何をもってしてそんなことが可能になるのか。

それは、簡単にいってしまえば、女性としての「気持ち」です。

「そんな非科学的な!?」と思われるかもしれませんが、実際に妊娠・出産する場合はもちろん、「この人の赤ちゃんを産みたい！」という気持ちや思いがある限り、おっぱいは成長し続けることができるのです。

もちろん成長は、その「気持ち」を持つことによる「女性ホルモン」の働きがあってこそのものですから、個人差もあるかもしれません。

ですが、たとえ加齢による機能の衰えや放出量の減少があったとしても、卵巣がある限り、ホルモンそのものの放出はゼロにはなりません。

実際に、還暦世代でもおっぱいが成長している方の多くは、素敵な恋愛の真っ只中にいらっしゃる、という方がほとんど。

そんな方々から素敵な恋のお話を伺うたびに、以前、高齢の女性タレントがバラエティ番組で「若い子に恋したら、なんと私、生理が来ちゃったのよ！」とお茶目に、そしてとても嬉しそうに話していたことを思い出します。

誰かを心から愛して、自分自身を大切に思う心があり、女性として心身ともに充実した日々を送っているからこそ、ホルモンが活性化し、心も体も成長曲線を描いていける、ということなのでしょうね。

おっぱいが若返ると
トータルで綺麗になれる

自分を愛せていない。

他人も愛せていない。

そういった状況では、おっぱいは衰え、容姿も枯れていきます。

正しい習慣を実行し、気持ちを豊かに整えること。

それだけでも、おっぱいは劇的に変化します。

ですから、年齢を言い訳にするのはナンセンス！

年齢を重ねても美しくありたいのであれば、「もうオバサンだから仕方ないんだ」なんて絶対に思わないこと。そして何より、諦めないことです。

人の体のしくみって本当に不思議なもので、こんなふうに心と身体が相互に作用しあっているだけでなく、身体のパーツそれぞれも、相互に作用しあっているのです。

私のお客様のなかには、シニア世代でも若々しく、充実した恋愛をしている方が多いのですが、その原因はコレだ、と密かに思っていることがあります。

それは「おっぱいを綺麗にしようとする意識を保つことで、全身トータルでの美を叶え、アンチエイジングできる」ということ。

経産婦の方は特に実感されている方も多いと思いますが、妊娠・出産を経て骨盤が歪むと、内臓の位置が下がってしまって下腹部にムダな贅肉がつきやすくなったり、体重のかかり方のバランスが崩れてO脚やX脚気味になってしまうことがあります。

こうした骨格の歪みや姿勢のアンバランスさはそのまま、おっぱいの様々なトラブルの原因にもなるものです。

ですから、「おっぱいの神様」のメソッドでは、ただ単におっぱいだけを施術するのではなく、こうした骨盤の歪みによる反り腰や、足首の歪み、姿勢の前傾や巻き肩の改善などの骨格・姿勢づくりから身体を整えていきます。人間の身体は、歪んでいるとその場所に脂肪がつきやすいので、骨格を整えることでダイエットがスムーズに進むようになり、全身のプロポーションも整いやすくなります。さらには、身体の歪みから冷えが進んでしまった身体を温め、血流やリンパの流れをよくして自律神経が整う施術を行うことで、全身トータルで「良い効果が出やすくなる」状態を作っていくのです。

こうしたベースづくりによって、おっぱいへの施術の効果が出やすくなるのはもちろんのこと、おっぱい以外の思わぬところの美しさや若々しさが復活したりすることが多々あるんです。

いってみれば、トータルビューティを目指すなら、バストを中心に全身に美を波及させればいい、ということでもあります。

こうした「美しくなれる身体のベースづくり」やおっぱいの悩み別のエクササイズに関しては、「4章のⅡBODY編」で詳しくご紹介していますので、ぜひ毎日の生活の中に取り入れてみてくださいね。

—理想のおっぱいに整えてマイナス10歳は不可能じゃない。

—しかも、何歳から始めたって遅くはない。

これは、「おっぱいの神様」が断言できることです。

みなさんも、おっぱいの神様メソッドを実践して、これまで絶対に抗えないと思い込んでいた「時間」と「重力」を無効化してしまいましょう!

Issue3 point

枯れたくないなら、
老化の速度を超えて
成長してしまえ♡

神様教えて❤
おっぱいコラム

妊娠出産・授乳後の
おっぱいの形崩れを最小限にするための
大切なポイント

妊娠・出産期

毎月の月経が始まる頃にむくみを感じたり、おっぱいが張ってサイズも心なしか大きくなる、という方も少なくないと思います。妊娠すると、ここからさらに体内に水分を蓄え、発達する乳腺の周りにも脂肪をつけ、どんどん胸が大きく膨らんできます。この時期はバストサイズもどんどん変化しますから、それまでのブラジャーのサイズが合わなくなるのも当然です。

バストサイズの変化に合わせ、締め付けることなく緩やかにフィットする下着を選んでつけるようにしましょう。

また、妊娠週数を重ねておなかが大きくなると、妊娠線という肉割れのようなひびが入ることがありますが、急速に発達するおっぱいも同様ですので注意が必要です。おなかの妊娠線対策のために、保湿力のある油分を含んだマッサージクリームを塗る際には、忘れずにおっぱいの保湿ケアもしてあげてくださいね。

POINT

1 妊娠週数により変化していくバストサイズにあわせたブラジャーをつけること

2 ワイヤーなどで締め付けず、緩やかにフィットする肌に優しい素材のものを選ぶ

3 妊娠線対策はおなかだけではなく、バストにも同時に行い、保湿ケアをする

神様教えて♥
おっぱいコラム

授乳・断乳期

授乳が始まると、太くなった乳腺はさらにボリュームアップし、母乳を蓄えるとおっぱいが張って痛みを感じるほどになることもあります。乳腺と皮膚の間にあり、乳腺を吊り上げているクーパー靭帯も、完全に伸び切っている状態になります。

赤ちゃんにおっぱいをあげているうちは問題ないのですが、問題は断乳の時期です。

授乳をやめると、「もう母乳を作らなくていいよ」という指令が脳から出るのですが、これにより、おっぱいがパンパンに張った状態から急速に縮む作用が働いて、伸び切ったクーパー靭帯に大きな負担がかかり、損傷を起こすことになりかねません。断乳は時間をかけて、徐々に進めることを心がけましょう。

POINT

1. 妊母体のためには10ヶ月程度での断乳が推奨されているため、授乳自体はその時期を区切りとする（断乳時期には諸説あります）
2. その後も母乳が出るかぎりは自分でこまめに搾乳し、ゆっくりと時間をかけて断乳していくようにする
3. コラーゲンとタンパク質を摂り入れた食生活を心がけることで乳腺や靭帯の回復をしっかりサポートする

Issue | 4 |

おっぱいの神様
直伝メソッド！

— 門外不出の〈バスト磨き3原則アプローチ〉—

メソッドの柱❤美の三原則

ここまで読んでお気づきの方もいらっしゃるかもしれませんが、「おっぱいの神様」寺澤佑実子のＲｏｃｏｃｏ式メソッドは、ただ単におっぱいを大きくしたり整えたりするためのメソッドではありません。

このメソッドを実践しておっぱいが整い、美しくなるというのは最終ゴールとして得られる結果であり、あなたがその果実を得たときには、すでに多くの人生における大切なものも得ているはずなのです。

前章で「おっぱいが若返るとトータルで綺麗になれる」ということをお伝えいたしましたが、そのための基本となるのがこの３つ。「自律神経」を整えること（メンタル）、骨格や姿勢を整えること（ボディ）、そして栄養をしっかり吸収できるように摂取すること（食生活）です。

まず、自律神経を整えるために一番大切なのは、安定し、充実したメンタル。

しかも、それを一過性ではなく継続して保っていくことが大切です。

メンタルが不安定な状態では、ガマンやストレスを溜め込みやすくなるだけでなく、そのネガティブな気持ちが姿勢や表情に図らずも滲み出てしまうもの。ここを改善することで、顔つきがガラッと明るく素敵に変わってしまう方もいらっしゃるほどです。

そしてもうひとつは、身体を温め、血液やリンパの流れを良くして「巡りの良い」身体に整えること。そのためにもエクササイズや食生活も重要になってきます。

食生活は、日々の活動源であるだけでなく、あなた自身の筋肉や血液、髪や皮膚、そしておっぱいをつくり、維持するもの。摂取した栄養素をいかに効率的に届かせたいところに届かせるか、ということも美の鍵になります。

この章では、トータルビューティを叶える美の三原則である「メンタル」「ボディ」「食生活」という3つの重要な要素に関わるメソッドを軸に「いま、あなたがするべきこと」を明確にし、おうちで簡単に、そしてデイリーに取り入れられる形でご提案していきたいと思います。

毎日の生活の中で、それぞれの対策を少しずつでも実践し、習慣化していくことで、おっぱいがスクスク育つ環境づくりをしていきましょう。

I

Mental

マシュマロバストは
心のゆとりから

あなたは自分が本当にしたいこと、できていますか？
何かをガマンして自分を追い詰めたりしていませんか？
嘘やガマンによるストレスや悩みに
心が押しつぶされているなら
それは、おっぱいが育つ余白がない状態。
おっぱいを育てたいならまずは、
心をラクにしてあげること。
力を注いでも意味のないことには力を注がず、
なりたい自分、叶えたい夢を明確にイメージングしてみて。
そのゴールのためだけにピュアに、
ストレスフリーに生きれば
おっぱいは必ず、
ふんわりとボリュームアップしていきます。

自律神経とおっぱいの切っても切れない関係

おっぱいを物理的にサイズアップしたい、と思っているのであれば、まず一番初めにしなければならないのは「自律神経を整える」ということです。

小さな胸でお悩みの方はびっくりしてしまうかもしれませんが、生物学的な理論でいえば本来、バストカップがＢカップ未満の人って、存在しないはずなのです。

もちろん、個人差で乳腺が大きい小さいとか、乳腺の数の多い少ないはあると思いますが、成長期を経てもＢカップ未満の方には、何らかの原因でおっぱいが大きくなるのを邪魔している要因があるはずです。

そしておそらく、その原因の多くは、自律神経の乱れから乳腺の周りにコラーゲンや脂肪を蓄えられない状態を作ってしまっていることによるものだと考えられます。

ですからそれを改善することで、現状Ｂカップ未満の方でも、Ｂ～Ｃカップ程度にはサイズアップすることが可能なのです。

ちょっと専門的なお話をしますね。

おっぱいは、脂肪と乳腺、結合組織、血管組織などから構成されていますが、その多くが結合組織、主にタンパク質の一種であるコラーゲンという成分からできています。

コラーゲンには組織の強度を高めて弾力性を持たせる役割があり、おっぱいのハリや柔らかな弾力性も、適切な量のコラーゲンを維持することで生まれるものです。

では、このおっぱいの主成分ともいえるコラーゲンはどうやって作られるのか。食事で摂取したタンパク質は、胃でアミノ酸に分解され、そのアミノ酸に変わった物質がおっぱいの細胞に届き、タンパク質を合成するリボソームという細胞小器官でコラーゲンに変えていきます。

ところが、おっぱいの細胞そのものに元気がないと、このシステムがうまく働かず、コラーゲンを体内で作ることができなくなってしまいます。

この、おっぱいの細胞を活性化させ、元気な状態にすることに深く関わってくるのが自律神経なのです。

自律神経というのは、私たちの体内にある神経系の一部で、内臓の働きや代謝、血圧、体温など、意識してコントロールすることのできない「身体の自動的な機能」に深く関わっている神経のこと。

こうした、自分の意識でコントロールできない機能のひとつに「身体の細胞の活性化」も含まれます。

自律神経は、身体活動の促進や細胞活性、緊張・興奮状態に関わる交感神経と、身体のリラックスや細胞の修復・再生、安静状態に関わる副交感神経という２つの主要な部分で構成されていて、常にバランスをとりながら働いています。

ですから自律神経を整えてあげることは、おっぱいの細胞が元気に活性化したり、修復・再生したりできる状態に整えてあげることでもあるのです。

おっぱいを大きくしたいなら、自律神経を整えることを避けては通れないということ、おわかりいただけたでしょうか。

おっぱいが大きくなる「ものの考え方」とは？

おっぱいの細胞活性化のための自律神経を整え方というのはいくつかあるのですが、

ここではまず、メンタル面からのアプローチ方法をお話していきたいと思います。

自律神経は脳の中心にある視床下部が司っていますが、視床下部は、体内のホルモン分泌機能と連携しているだけでなく、様々な情報を受け取るためのセンサーでもあり、何らかの情報を受け取ると、それを解釈して適切な応答し、交感神経系や副交感神経系に働きかけています。

ですから、ある出来事に対して、あなた自身がそれをどのように受けとめ、どう考えるのかという「認知」のあり方は、自律神経にも大きな影響を及ぼすことになるのです。

たとえば、同じような困難な状況に直面したとしても、「どうしよう、もうダメだ。私にはムリ！」とネガティブに考え「どうせ私には叶わないことだから諦めよう」とか「これも仕方のないことだから」とガマンを重ねる人は、ストレスを溜めこみやすく、自律神経が乱れやすいものの考え方をしているといえます。

反対に、どんな過酷な状況でも「ピンチはチャンス！　ここを越えられたら私、すごく飛躍できるかも！」とポジティブに考え「私ならきっと叶えられるに違いない」と自分を信じることのできる人は、ストレスを感じにくく、自律神経も乱れにくいのです。

驚いたことに、こうした認知のあり方は、施術の効果の差にもテキメンに現れます。「あなたのおっぱいはまだまだ大きくなりますよ」とお伝えしても半信半疑の方、「どうせムリだろう」と思っている方は、やはりなかなか変われないものですし、「わあ、私のおっぱい大きくなるんだ、やった！」とワクワクできる方は、施術の効果も出やすいと感じます。

おっぱいに限らず、なんでもそうですよね。

プラス思考で、「変われるかもしれない！」と思える人だけが現状をチェンジできる。なぜなら人は、期待しなければ諦め、行動しなくなるものだからです。

「無理かも、できないかも」と一瞬でも思ってしまうと、その結果やっぱりできないことって多いですし、「絶対できる」と信じていると、何度か失敗したとしても「このやり方が違うから失敗しただけ。次はこうしてみよう」っていうふうに、何度だって繰り返しチャレンジできるんです。

つまり、諦めなければ最終的には絶対に手に入る、ということ。

「ガマンをしなければおっぱいは大きくなる」
「絶対に諦めなければ理想のおっぱいになれる」

神様流にわかりやすくスパッと言い切ってしまえば、コレに尽きます。

自律神経は一度乱れてしまうとなかなか整いにくいといわれますが、これは脳自体が新陳代謝をしないことも原因のひとつと考えられています。

新陳代謝によって細胞や組織が新たに生まれ変わり続ける皮膚や髪、爪などと違い、脳はこれまでの意識や思考の積み重ねでできているもの。

ですから、いきなり考え方のクセを変えるのは難しいことかもしれません。

でも、メンタルと脳（自律神経）、そして身体がいかに密接に連携しているのかを少しでも知っていただければ、ポジティブ思考へのマインドチェンジがおっぱいにも、あなたの人生にとっても、いかに有効なのかがおわかりいただけるかと思います。

脳はダマせる!?
上手くいくようになる魔法の言葉

自律神経と脳について、そして自律神経が乱れにくくなる「ものの考え方」についてお話してきましたが、いかがでしたか？

ストレスを溜めやすい、ガマンしがち、マイナスに考えがち、という方は、日々の生活や体験の中で、少しずつでもプラスの芽を育てる思考にチェンジしてみてくださいね。

ところで、「脳」って身体のパーツの中でもかなりのスーパーエリート、というイメージがあるかもしれませんが、実は意外にも、うっかり騙されやすい子なんです。

脳は情報処理の過程で様々なフィルターや仮説をもとに情報を解釈していますが、その様々なフィルターのひとつにあたるのが、私たちの認知、ものの考え方や意識なのです。ですから、「絶対こうなる」「実際にこうなるはず」と強くイメージしたことや口にしたことを脳はその通りに認識し、そのゴールへと向かって行動するようになります。

そう思えば、滅多なことは口にできないはずですよね。

もし、あなたが日常の中でネガティブワードを使っているのであれば今日、たった今からその言葉たちを使うことを卒業してしまいましょう。

ネガティブワードとは、例えば、「ブス」「デブ」「醜い」「オバサン」「老けた」「嫌い」「イヤだ」「死ね」「つらい」「疲れた」……ｅｔｃ．

こんなふうに、書いているだけでも気が滅入るような言葉たちのことです。

ネガティブワードとはまさに危険な刃物であり、おっぱいにとっても猛毒！

愚痴が多かったり、人の悪口を言う人、会話の中にネガティブワードが多い人との会話はおっぱいの毒薬にしかなりませんから、近寄らないに越したことはありません。

こうした言葉を人に向けるのはもちろん、自虐的に自分に対して使うのもＮＧです。

でも、人間ですから、ときには感情的な言葉を吐き出したい時もあるでしょう。

そんなとき日本語とは便利なもので、同じ状況や気持ちを伝えるにしても様々な表現がありますから、いくらでもポジティブワードに変換して言い換えることが可能です。

たとえば、疲労困憊で帰宅してひとこと、「あ～今日も疲れた～！」と言ってしまうところを、「あ～、今日もすっごく充実してたな～」と言い換えてみる。

仕事やプライベートでうまくいかないことがあり、「どうしよう、どうしよう」と口にしてしまうときこそ「まあ、いっか。きっとなんとかなる」ときっぱり言い換えてしまうのです。

その夜、一晩中不安に苛まれて一睡もできなくなるか、それとも「明日は明日の風が吹く」とばかりにラクな気持ちで眠れるかで、だいぶ変わってくると思いませんか？

置かれた状況には何ひとつ変化がなかったとしても、言葉ひとつであなたの行動が微妙に変化し、解決の糸口を導き出すこともあるのです。

言葉は言霊。

目に見えないけれど、人の行動や身体を変える魂が宿っています。

今の置かれた状況がつらい、自分に自信が持てないというときこそ、脳の騙されやすさを利用して、自分の耳と心のサプリメントになる言葉を選ぶようにしてみてください。

おっぱいの神様流♡承認欲求の満たし方

言葉って、不思議ですよね。

自分や他人を悲しい気持ちにさせたり傷つけることもできれば、幸せな気持ちにさせたり、おっぱいを大きくしたり若返らせたりこともできるのですから。

近年はＳＮＳの隆盛もあってか、「承認欲求」というワードをよく耳にします。

これは、人から認められ、受け入れられたり賞賛を浴びたりしたい欲求のこと。

「いいね」がいっぱい欲しい気持ち、といったらわかりやすいでしょうか。

承認欲求が満たされると、セロトニンという幸せホルモンが分泌されやすくなり、自律神経の安定にも有効に作用します。ところが、この欲求が満たされないと、今度は反対にストレスを感じたり、欲求不満に陥ったりすることもあるのです。

でも、よく考えてみてください。

ごくごく当たり前の暮らしをしていて、そんなに人から羨ましがられたり褒められたりするようなことってあるのでしょうか。

子どもの頃や若い盛りならばともかく、大人になると余程のことがなければ、人からベタ褒めされることなんてありませんよね。

さて、そんなとき、あなたならどうしますか？

私なら、自分で自分のことをめちゃくちゃ褒めます（笑）。

自分で自分を１００％承認してあげるのです。

不思議なもので、自分に聞こえるように声に出して「自分褒め」をすると、脳が騙されて、勝手に自己肯定感が爆上がりします。誰かが認めてくれたり褒めてくれたりするのを虚しく待つのではなく、セルフでどんどんやればいいんです。

だって、いくらでも脳は騙せるのですから。

1日に1回は「あ〜〜♡ 幸せ！」って声に出して嬉しそうに言ってみる。

すると脳は、「あ、そうなんだ！ 私って幸せなんだね！」と思ってくれるのです。

不思議でしょう？ でも、その効果は私が実証済みですからご安心を。

人並み以上に大きく、垂れたおっぱいに悩んで自分に自信が持てなかった頃、私は毎朝、自分で自分のことを褒めて褒めて、褒めまくっていました。

鏡を見て、声に出して「私、今日もとっても可愛い！」「私のおっぱいって、誰よりも素敵だよね」「あれ、なんか肌もめちゃくちゃキレイなんだけど♪」「最近どんどん若返ってるかも！」「もう、大好き♡」なんていうふうに。

自分の声で自分の脳にインプットし続けた甲斐あってか、これを続けていくうちに、私は大嫌いだった自分のことを本当に大好きになることができましたし、いまも実際に、「20代、30代の私より今の私の方が好きだな」と実感できています。

そんな脳の騙されやすさと言葉の力を、私は「おっぱいのためのマインドセット」だけではなく、ビジネスでも活用しています。

たとえば、サロンミーティングでは「反省会」ではなく、「良いこと報告会」を定期開催。24時間以内に起きた良いことをお互いに発表して褒め合っています。

だって、「これがダメでした。これもできませんでした」って言いあっても何も良いことなんてないし、空気がどんよりと暗くなるだけで、次に繋がらないと思うのです。

もちろん振り返りは必要ですが、「これを改善すると、もっと良くなると思う」という表現にして、全員がストレスなく前向きな気持ちになれるように心がけています。

年齢は無関係！
恋をするとおっぱいは育つ

私なんてもうオバサンだから……。

まさかみなさん、こんなこと日常的に口にしていませんよね？

これは、おっぱいも心も萎ませてしまう禁断の言葉です。

「私なんてもうオバサンだから」という枕詞の後に続くのは、「〜できない」というネガティブな言葉だけ。

特に私が言わないほうがいいな、と思うのは、「もうオバサンだから恋愛なんてできない」「恋愛なんて年甲斐もなく恥ずかしい」という言葉です。

こうした言葉の裏には、女性としての自信のなさと諦めの感情が見え隠れしています。

前章でもお伝えしたように、乳腺が発育するために必要なのは女性ホルモン。

閉経していようが、還暦を超えていようが関係ないのです。

若い時の水を弾くようなパンと張ったおっぱいも素敵だけれど、年齢を重ねたおっぱいや、出産を経たおっぱいにはそれ相応の魅力もあります。

それはたとえば、もっちりとした柔らかさ。

そして、妊娠・出産・授乳期に近い年齢のときにはありえなかった乳首の透明感。

触り心地の良さからか、何もかも包み込んでくれるような包容力をイメージさせるのか、年齢を重ねた女性の柔らかなおっぱいが好き、という男性も結構いるみたいですよ。

これまで重ねてきた女性としての経験や魅力に自信を持ったらいいのです。

「老け胸だから恥ずかしい」なんて絶対に思わないこと。

自分の顔を鏡で見て、「ああ、ここにシワがある、ここにたるみが……」なんて探すのは簡単なことですが、その一点にこだわって前に進めないのはもったいない！

マイナス思考に傾きがちな人は、悪いところや、失ってしまったものを中心に思考するクセがありますが、時間が逆回転することはありません。力を注いでも意味のないことには力を注がないことがベストです。

欠点を探して気を滅入らせるのではなく、変化を楽しみ、受け入れること。

そんな心の余裕の中にこそ、大人の女性の品格も育まれるのではないでしょうか。そして、そんな美しい余白にふと入り込んでくる恋があれば、存分に謳歌するべきです。

愛する人とのセックスは「究極のバスト美容液」

恋愛同様、セックスも「年齢を重ねるとだんだん億劫になってしまう」なんていう方が少なくないようです。

でも、私からいわせれば、「そんなのもったいない！」の一言に尽きます。

愛する人と肌を重ね、温もりを感じながら抱きしめ合うセックスは、究極のアンチエイジング美容液といっても過言ではないのですから。

なぜなら、恋愛やセックスはおっぱいの最大の栄養源になるからです。

好きな人とのセックスで女性ホルモンの分泌や細胞が活性化すれば、バストアップも期待できるうえ、新陳代謝が活発になることで肌もキレイになり、表情だってイキイキと輝き始める。

デパコスの高級スキンケアに何万円も投資するよりも、余程ハイリターンが見込めるというものです。

大人のセックスは、ただ単に性欲を満たすためだけのものではありません。

自分に対して魅力を感じて、欲情してくれる人がいる。

そして、自分もその人の心と身体を満たしてあげることができる。

考えてみれば、これって究極の承認欲求の充足ではありませんか？

メンタルや自律神経の安定、ストレスの消失効果、幸せホルモンの分泌……ｅｔｃ．

セックスを通じて得られる効果には、様々なものがあります。

特に、性的快感によって放出されるホルモンのオキシトシンやエンドルフィンは、幸福感や心地よさ、リラックス感をもたらしてストレスホルモンの分泌を抑制したり、免疫系を活性化したりする作用があると考えられています。

そう言った意味では、日々のケアやエクササイズ、施術で積み上げていくことで手に入るような効果が、一瞬でポン、と手に入るのがセックス、といえるのかもしれません。

コツコツと努力して少しずつ理想の美に近づくことも、もちろん素敵なこと。

でも、恋愛や愛する人とのセックスには、それを一足飛びに叶えてしまうほどの強いパワーやエネルギーがあると思うのです。

でも、だからこそ、誰とでもいいわけではありません。

お互いの愛情と欲情を肌で感じあうからこそ、高級な美容液にも勝る効果が生まれるのです。

好きな人がいるなら、恋をしている自分を否定せずに認めてあげましょう。

そして、何歳になっても、身体を通じた愛情表現を恥ずかしいことと思わないこと。

お客様のなかにも、素敵な恋愛をしていらっしゃる方がいらっしゃいますが、施術の効果も高く、おっぱいも順調に発育中。

さらにおっぱいのみならず、全身のプロポーションやヘアスタイル、メイクまでもがどんどん洗練されていく姿を見ていると、なんだか　私まで幸せな気持ちになってしまいます。

心も身体も満たされて美しくなり、しかもおっぱいもスクスク育ってしまう「愛する人とのセックス」。

これはもう、しないという選択肢はありません。

Ⅱ

Body

骨格と姿勢が整えば
「おっぱい」も整う

必要なのは、歪みのない美しい骨格と姿勢という土台。
土台のないところにいくら種を撒いたとしても、
実は育ちません。
さあ、メンタルを整えたら、
いよいよ次はエクササイズの実践です。
みなさんのおっぱい悩みやコンプレックスのほとんどは
この土台を整えることで
解消することができるものです。
大切なのは、頑張ることより長く続けて効果を実感すること。
無理なく、ゆるく、
身体のベースを整えていきましょう。

「頑張る」よりも「ゆる〜い継続」を

2章でご説明したように、骨格と姿勢は、おっぱいに大きな影響を与えるものです。骨格の歪みから姿勢が悪くなると、血液やリンパの流れが悪化しますし、それによって自律神経が乱れれば、ホルモンの分泌にも影響してきます。

「Ⅱ BODY編」では、マシュマロバストのベースづくりに欠かせない「おっぱいはがし」のやり方にくわえて、おっぱいの細胞を元気にするための身体の土台づくりに役立つ「姿勢向上」のためのエクササイズ、おっぱい悩みの代表「左右差」「垂れ胸」「鳩胸」を改善するためのエクササイズをわかりやすくご紹介していきます。

ケアやエクササイズって、面倒くさかったり大変だったりするほど続かないものですが、ここでご紹介する「おっぱいの神様直伝エクササイズ」はすべて、おうちで家事やお仕事をしながらでも実践できる簡単なものばかり。

必死に頑張らずとも、毎日の生活の中に習慣づけて、ゆる〜く継続していただければ効果を実感できるはずです。

II

Body

おっぱいメイクの基本の「き」

「おっぱいはがし」徹底解説

私のメソッドをご紹介しているYouTube動画のなかで、最も話題になったのがこの「おっぱいはがし」。


柔らかいマシュマロのような弾力のあるおっぱいをメイクするには、おっぱいに張りついてしまっている筋肉や組織をやさしく引きはがしてあげることが大切です。

イメージとしては、あばら骨に癒着したおっぱいの基底部を、指先を熊手のように使いグッと引きはがすような感じ。おっぱいの膨らみの外側、グルッと取り囲むバージスラインに沿って、イタ気持ちいい程度の圧をかけていきます。

これをすることで、おっぱいが動きやすくなり、乳腺が刺激されて大きく成長する土台ができるのです。

「おっぱいはがし」をしたときに、痛みを感じる方ほど癒着が強い証拠。毎日少しずつ、エクササイズを実践して優しくほぐしていきましょう。

\ Process /

Step 1

バージスライン（おっぱいの丸みを囲むライン）の一番外側、脇下あたりに4本指を入れ、圧をかける。

Step 2

そのままお肉をはがすようにしながら、おっぱいの中央に向かって肉をはがすようにゆっくり動かしていく。

Step 3

バージスライン斜め下からと、内側斜め下から同様におっぱい中央に向かってお肉をはがし上げる。

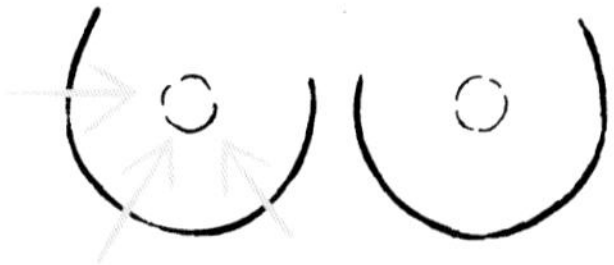

POINT

バージスライン周辺のお肉を剥がすことを意識し、おっぱいの柔らかい部分には触れないのがポイント。「イタ気持ちいい」くらいがちょうどいい圧の掛け方です。ちなみに、この動作で痛みを感じたら、おっぱいの基底層が張りついている証拠。エクササイズによって痛みを感じなくなれば「おっぱいはがし」は卒業です。

←詳しいProcess動画はこちらをCheck♡

https://vimeo.com/cellnote/book-body-0

Ⅱ

Body

育乳のための姿勢向上エクササイズ

❶「反り腰」の改善

妊娠・出産を経て骨盤が前傾傾向になることや、股関節が硬くなって前ももが張ってしまうことなどが「反り腰」の原因になります。

判断基準としては、壁に背中をつけて立った時、腰のくぼみの部分に握りこぶしが入るかどうかでチェックすることができます。くぼみの部分にちょっと隙間がある程度ならば正常の範囲で、こぶしひとつ分がスッと入ってしまうならば「反り腰」といえるでしょう。

腰が反ってしまっていると、脊柱起立筋という背中の筋肉がパンパンに張ってしまい、背中から首にかけてのコリから血流が悪化し、頸椎を通る自律神経にも悪影響を与えることがあります。

「反り腰」の改善は骨盤の歪みの解消にもなりますから、前ももの筋肉と股関節を意識しながらしっかりストレッチし、こわばった股関節を柔らかくほぐすようにしましょう。

\ Process /

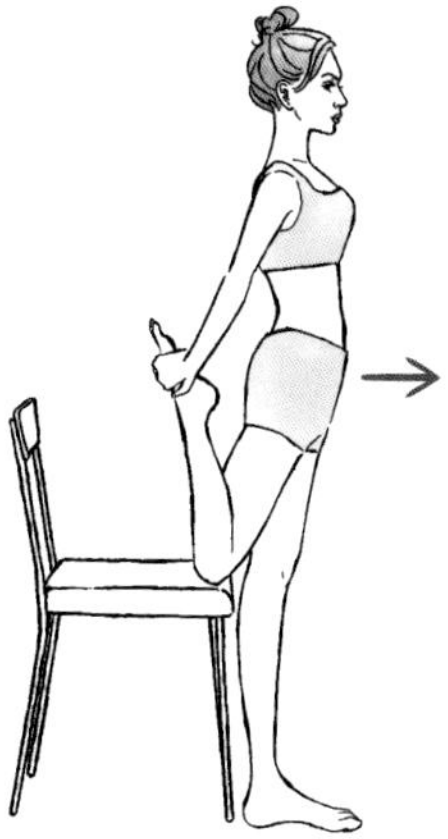

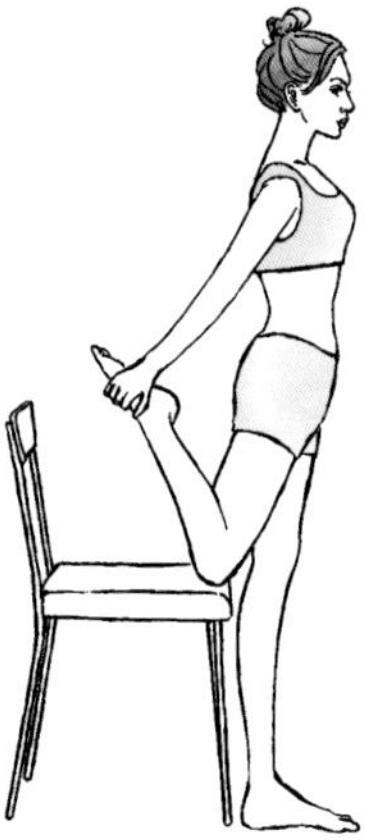

Step 1

自分の後ろ側に膝丈ほどの高さの低めのスツールや台を用意し、片側の膝を台の上に乗せ、手を後ろに回して足首を持つ。

Step 2

足首をお尻側にストレッチするようにゆっくり持ち上げ、恥骨をグッと前に押し出すようにして前ももをしっかり伸ばす。

Step 3

フーッと深く息を吐いてゆっくり深呼吸しながら、前ももの張りを意識してストレッチする動作を左右ともに繰り返す。

POINT

反り腰の原因となる前ももと股関節の硬さをほぐすエクササイズなので、ストレッチ中も前ももの張りと股関節を意識してみてくださいね。
恥骨をグーッと前面に出すようにすることで腰を反らせないようにゆっくりストレッチするのがコツです。無理のない範囲で毎日継続しましょう。

←詳しいProcess動画はこちらをCheck♡

https://vimeo.com/cellnote/book-body-1

Ⅱ

Body

育乳のための姿勢向上エクササイズ

❷「巻き肩」の改善

「巻き肩」になっているかどうかは、鏡で横から自分のシルエットを見ることで確認できます。真横から見て、耳よりも肩が前にきて内側に入っているなら「巻き肩」になっています。原因としては、猫背の姿勢で同じ作業を続けることや、長時間のデスクワークによる内向きな姿勢の継続、睡眠時に横向きで寝ることなども挙げられます。

肩が内側に巻いてしまうと猫背によって胸の筋肉が縮み、肺が圧迫されて血流が悪化することで、脇の下にある腋下リンパが詰まりやすい状態になります。
こうした理由から老廃物が溜まりやすくなったり、肩と肩甲骨の動きが悪くなったりすることで、二の腕に余分な脂肪がつきやすくなることもありますからご用心を！

ここでは、「巻き肩」による猫背改善のためのバンテージエクササイズをご紹介しますので、ダイエット&健康のためにも、毎日のケアとして取り入れてみてください。

\ Process /

Step 1

2mくらいの長さのあるマジックテープ付きバンテージを用意し、背中を通した両端を手で前に持ち、両端を後ろ側に回してたすき掛けをするようにクロスさせる。

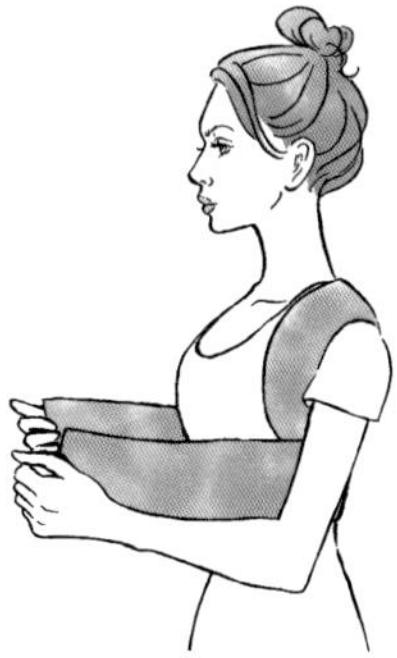

Step 2

クロスさせた両端を下で持ち直し、再度前側腹部あたりに持ってきて、肩がグッと後ろに引っ張られた状態にして、マジックテープで仮留めをする。

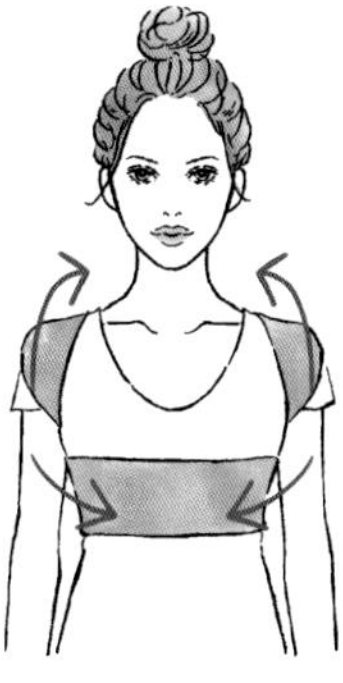

Step 3

腹部で留めた部分をグッと両手で下に引き下げ、肩の部分を手で上に引き上げることで背筋の伸びた状態をキープできるようにして、再度腹部で締め直す。

POINT

長時間に渡ってマジックテープで締め付け続けていると血流が悪くなるため、10分程度の装着がベスト。家事や勉強などの日常生活に取り入れて長時間つける場合は、少し緩めに装着するとよいでしょう。　私は、この状態をキープしながらメイクやお掃除をして「ながらエクササイズ」を実践するようにしています♪

←詳しいProcess動画はこちらをCheck♡

https://vimeo.com/cellnote/book-body-2

❸「ストレートネック」の改善

「ストレートネック」は、首が前方向に出てしまい、本来は緩やかに湾曲しているはずの首がまっすぐになってしまっている状態のこと。見分け方としては、壁に背を向けてまっすぐ立ち、肩やお尻、肩甲骨までぴったり壁につけた状態で後頭部が壁につかないようならば、ストレートネックの可能性が大！

別名「スマホっ首」ともいわれるように、長時間下向きでスマホを操作したり、作業したりすることが多い方や、猫背で首の周辺の筋肉に絶えず負担がかかっている方は「ストレートネック」になりやすいです。

また「反り腰」気味になっている方は、腰から背中にかけての張りが首への負担にもつながりやすく、「ストレートネック」にもなりやすいと考えられています。長めのフェイスタオルを使って首の周辺の筋肉をほぐすストレッチで少しずつ改善していきましょう。

\ Process /

Step 2

タオルの両端を持ったまま手を上に上げ、そのまま首の後ろにフェイスタオルを巻くようにして両端を前に持ってくる。

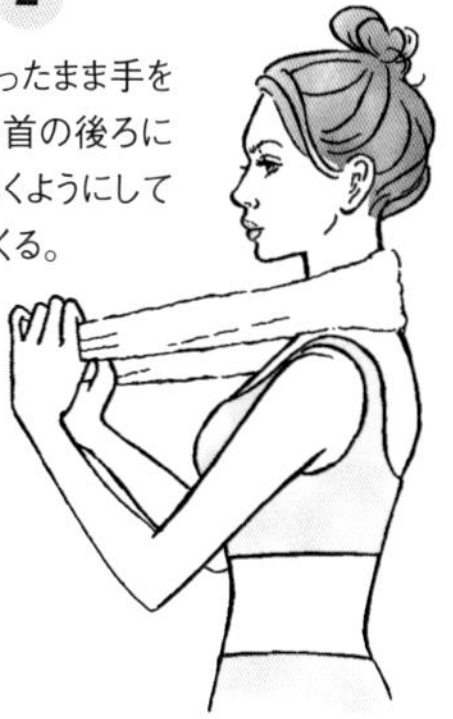

Step 3

持ったタオルの両端を前方向に引っ張っていくのと同時に、天井を見るように頭を上げて10秒キープ×3セットを繰り返す。

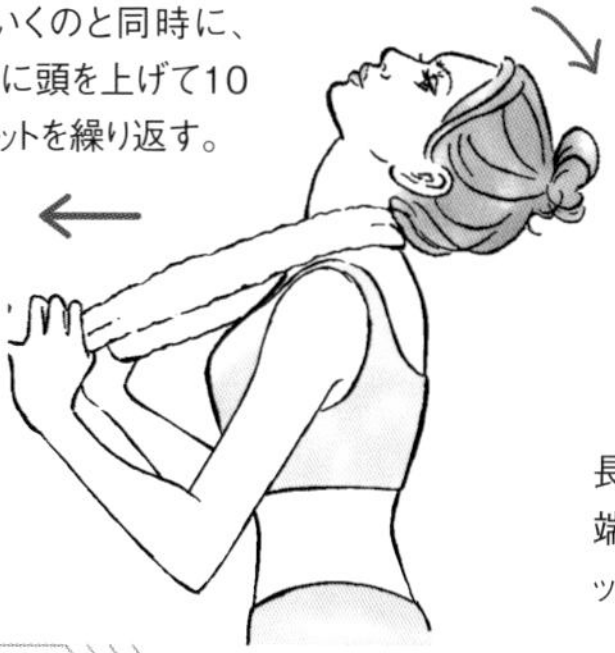

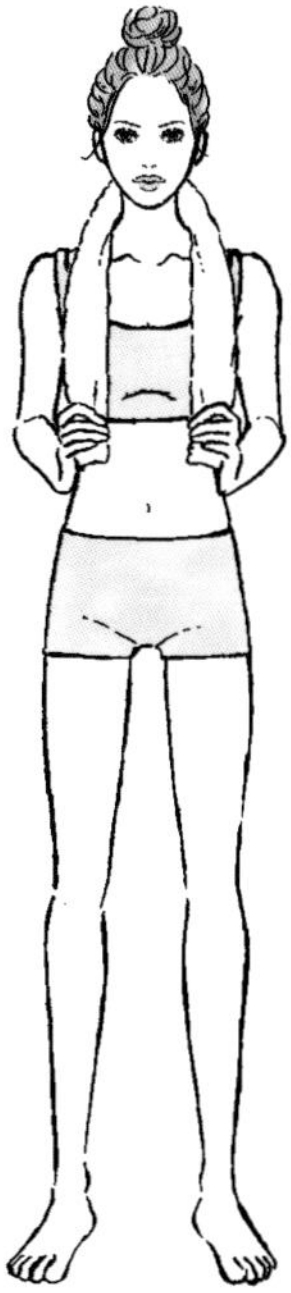

Step 1

長めのフェイスタオルを用意し、両端を持ったら、肩幅に足を開きリラックスした状態でまっすぐ立つ。

POINT

②でタオルを後ろに持っていく時に、胸筋が開き、伸びているのを実感しながら両手を上げ、移動させるとさらに姿勢向上に効果的です。③で頭を上に上げていくときは、ゆっくりとした動作を心がけ、気持ちよさを感じる程度の位置まででとめるようにしましょう。デスクワークで首や肩が疲れた時にもオススメのエクササイズです。

←詳しいProcess動画はこちらをCheck♡

https://vimeo.com/cellnote/book-body-3

Ⅱ

Body

育乳のための姿勢向上エクササイズ

❹「足首の歪み」の改善

突然ですがみなさん、「ヤンキー座り」はできますか?
そう、足を開いて座り込み、グッと腰を落としたあのポーズです。これが簡単にできる方は安心してください、あなたの足首は歪んでいません。

反対に、足首が硬くてうまく曲がらない方、踵のひび割れや乾燥がひどい方は要注意！　足首の硬さから骨が固まり、血流が悪化することで本来皮膚を潤すべき油分が届かなくなっている可能性があります。

「え。ちょっと待って、足なんておっぱいに関係なくない?」と思う方も少なくないと思うのですが、これが実はとっても関係が深いのです。なぜなら、足首の歪みは背骨の歪みに繋がっているから。人体の構造は不思議なもので、足首の歪みで立っていられない状態を作らないよう、他の部分が歪んでバランスを保つ構造になっているのです。

遥か遠くの足首が巡り巡ってバストに関係してくるのですから、足首の硬さを自覚している方はぜひトライを♪

\ Process /

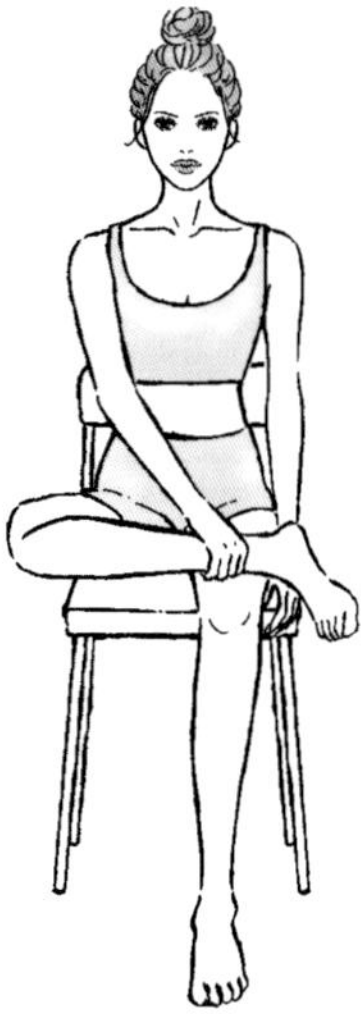

Step 1

椅子に座り、片方の足を膝の上に乗せて、手で足首を持ってしっかりと固定する。

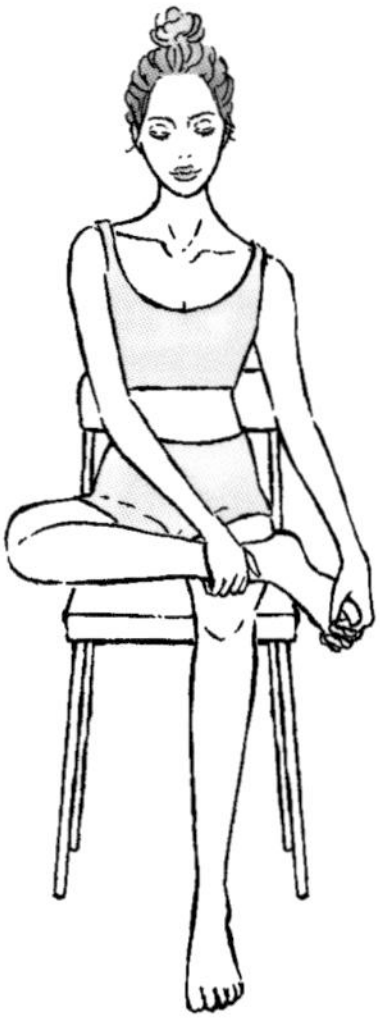

Step 2

反対側の手の指と、固定した足の指を交差させるようにして持ち、足首をぐるぐると回す。

Step 3

右回し、左回しともに同様にして、数分間ぐるぐると回す。1日何セットでもOK！

POINT

足首の歪みは全身の歪みにつながるだけでなく、血流の悪化から皮膚に油分が行き届かなくなることで、踵が荒れやすくなることもあります。
入浴時や休憩中など、何かをしながらでも簡単にできるエクササイズなので、「〜ながら」足首を回すことを毎日の習慣にしてしまいましょう。

←詳しいProcess動画はこちらをCheck♡
https://vimeo.com/cellnote/book-body-4

II

Body

おっぱいの悩み別エクササイズ

❶「左右差」があってアンバランス

若い方、年配の方のおっぱい悩みの双方にランクインする「おっぱいの左右差」。

とある下着メーカーさんの調査によれば、実に7割もの女性が左右差を自覚しているそうです。この左右差、なぜ生まれるのかというと、やはり原因は身体の歪みから。

親しい方に背中を見てもらうとわかるかと思うのですが、左右どちらかの背中が大きくなっていて、大きいほうの背中側のおっぱいが小さくなっているはずです。この身体の歪みを少しずつでも矯正していくためには、椅子を使ったエクササイズが有効です。

左右に回転した時、行きやすい方向と行きにくい方向があるはず。行きにくいほうに頑張って動かそうと思いがちですが、実は楽な方向に動かしてあげるほうが骨格を正常に戻す力が発揮できるのです。

デスクワークの方は休憩時間のリフレッシュに、おうちにいても椅子さえあれば「ながら」でできます。1日に何度でも、思いついたら即・実践を。

\ Process /

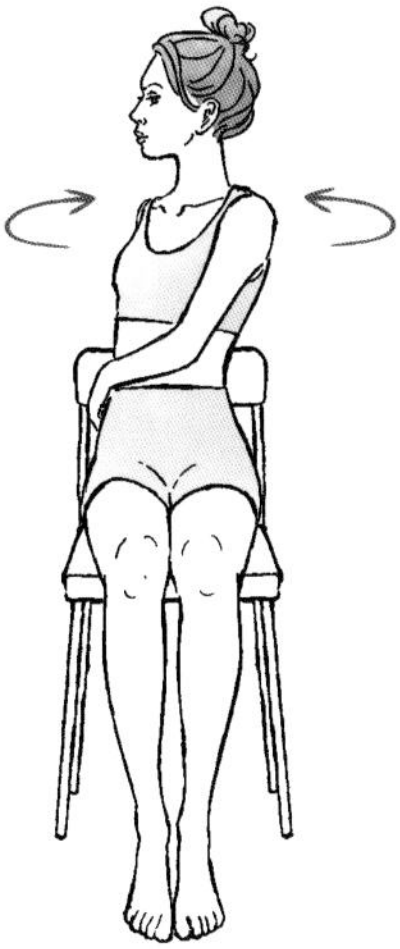

Step 1

椅子に浅く座り、背筋を伸ばした状態で上半身を後方にゆっくりひねる。この動作を左右交互に試し、「行きやすい方向」がどちらかを調べる。

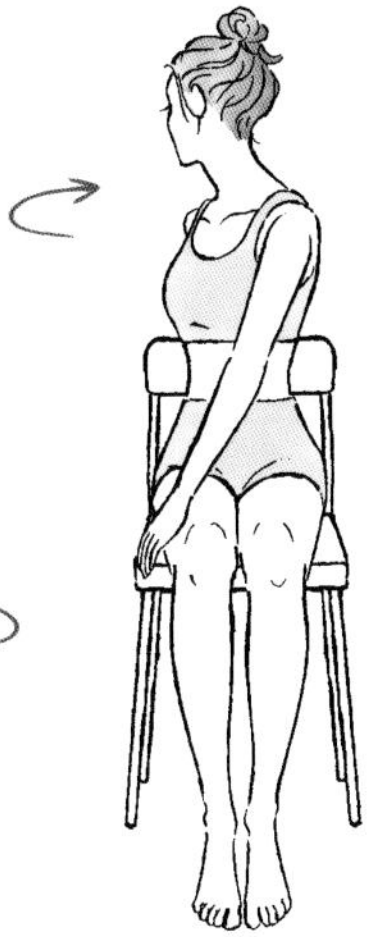

Step 2

「行きやすかった方向」に体をグーッとひねって10秒キープ。体を正面に戻して一呼吸おいたら、再度同じ方向に体をひねり、10秒キープ。

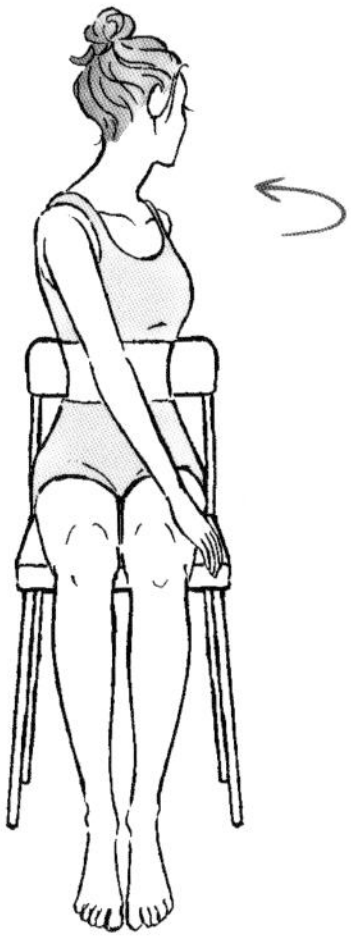

Step 3

体を正面に戻したら、次に「行きにくかった方向」にもひねる動作を2回、10秒ずつ繰り返す。ここまでを左右で1セットとして2〜3回繰り返す。

POINT

左右に身体をひねった時に行きやすさに違いがある＝背中が歪んでいる証拠。行きやすいほうの背中は小さく、おっぱいは大きくなります。反対に、行きにくいほうの背中は大きく、おっぱいは小さくなるんです。このエクササイズで背中の歪みが改善されると、おっぱいの左右差も感じにくくなるはずです。

←詳しいProcess動画はこちらをCheck♡

https://vimeo.com/cellnote/book-body-5

Ⅱ

Body

おっぱいの悩み別エクササイズ

❷「垂れ胸」で老けて見える

「垂れ胸」の原因は、主に妊娠・出産や加齢によってクーパー靭帯が伸びてしまうことによって起こります。

クーパー靭帯とは、乳腺や脂肪を吊り上げるようにバスト全体に張り巡らされている結合組織のことで、コラーゲン繊維の束でできているもの。

この靭帯は「一度伸びたら元に戻らない」などともいわれていますが、私としては、食生活の改善や細胞活性によって、ある程度は復元できると思っています。

それには、この「おっぱいつまみ」がとても有効！

垂れてしまったおっぱいは、ヘタにマッサージをすると余計に下垂が進む可能性があるため、細胞活性によって改善することが大切なのですが、このエクササイズは「整《せい》膚《ふ》」の効果で細胞を活性してあげることができます。

お風呂の中やお風呂上がりのリラックスタイムなど、血流がアップした状態のときに「おっぱいつまみ」をすると、より細胞活性の効果がアップしますから、ぜひポカポカした状態で試してみてください。

\ Process /

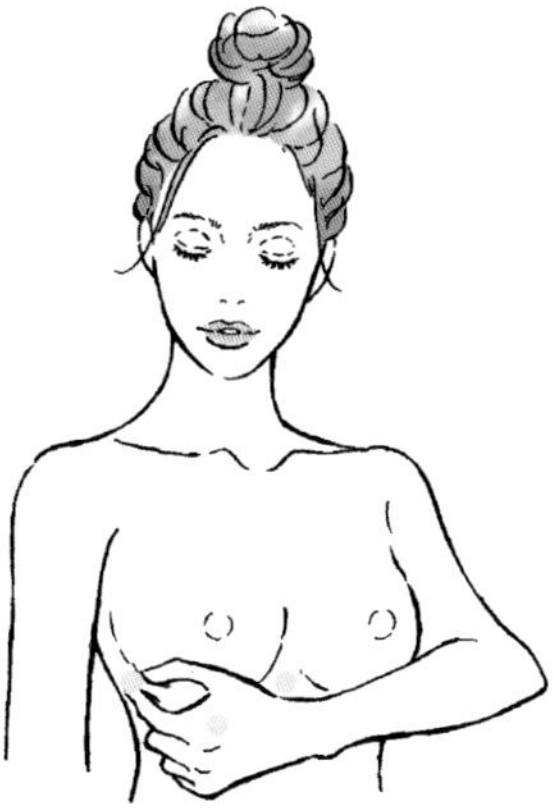

Step 1

親指と人差し指を使い、おっぱいのバージスラインの一番外側の円周に沿って、おっぱいを指で少しずつつまみながら上に引き上げていく。

Step 2

次に、おっぱい中程の円周を同様に少しずつつまんでは引き上げる動作を繰り返す。このとき、痛みを感じない程度に引っ張るのがコツ。

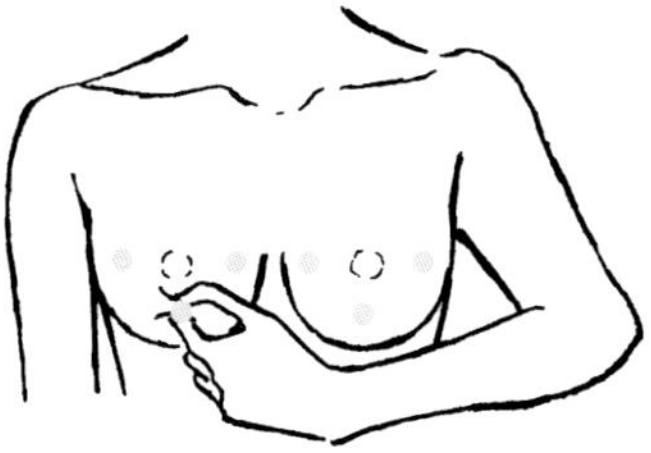

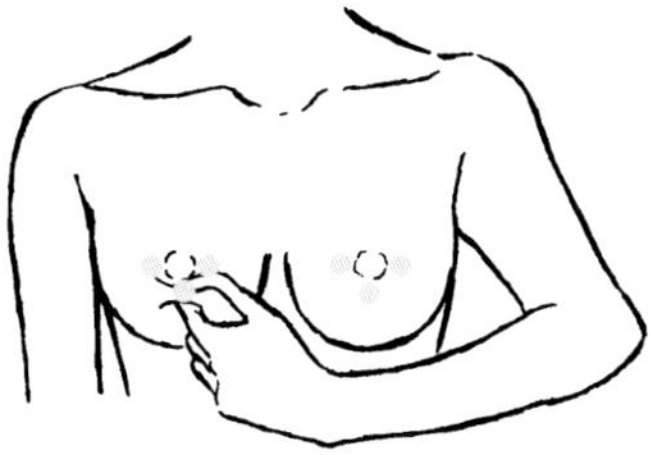

Step 3

最後に乳首周りも同様に少しずつつまんでは引き上げていきます。この工程を片胸1～2分、両胸1セットとし、1日1回続ける。

POINT

乳腺が硬くなってしまっている方ほど、指先でおっぱいをつまみ上げた時に痛みを感じやすいため、痛くならない程度の強さを心がけてくださいね。
お風呂で湯船に浸かっている時や、お風呂上がりなどのリラックスタイムにこの「おっぱいつまみ」エクササイズを取り入れて、ゆるく継続していきましょう。

←詳しいProcess動画はこちらをCheck♡

https://vimeo.com/cellnote/book-body-6

Ⅱ

Body

おっぱいの悩み別エクササイズ

❷「鳩胸」が悪目立ちする

「鳩胸っておっぱいが大きく見えていいな」と思う方もいるかもしれませんが、実は鳩胸って、胸の中央部の骨が前に突出しているために胸にお肉が乗りにくいのです。

原因としては先天的なものが多いといわれており、母親の体型や骨盤のサイズによって、胎内にいるときに窮屈な体勢で過ごすことも一因と考えられています。

他に後天的な原因としては、喘息や気管支の問題で小胸筋が硬くなってしまい、胸部の骨が前に出てしまう、といったこともあるようです。

鳩胸の方の場合、胸筋と肩の筋肉が癒着して内側に引っ張られているため、それを剥がすイメージで胸部の圧を解放してあげるように伸ばすエクササイズがおすすめ。ちなみに、鳩胸さんは骨格上の理由から「離れ胸」になる可能性も高いので、合わせて早めにケアすることが大切です。バストサイズが大きいのであれば、寝るときには締めつけ感のないナイトブラをしっかりつけて横にお肉が流れないようにしましょう。うつ伏せの体勢でおっぱいを潰したりすることがないように気をつけてくださいね。

\ Process /

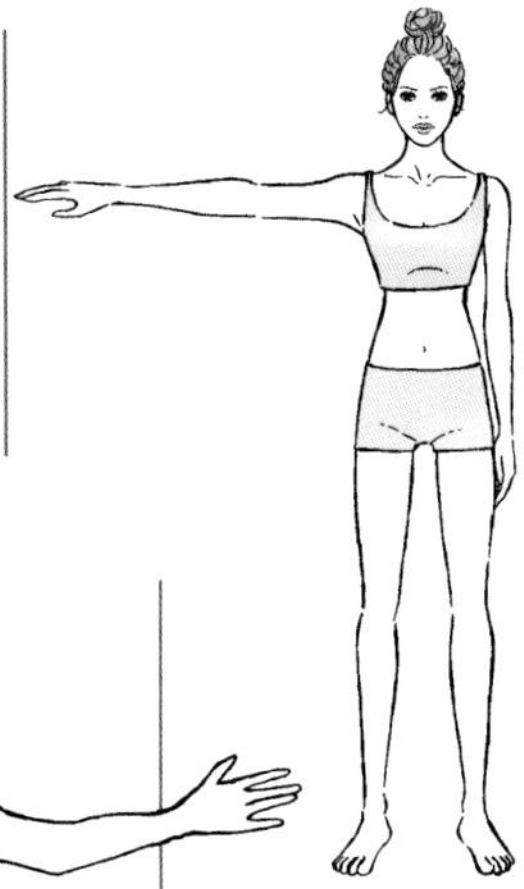

Step 1

壁の横に立ち、肩幅に足を開いたら、リラックスした状態で背筋を伸ばして立ち、腕をまっすぐにして90度の位置にあげる。

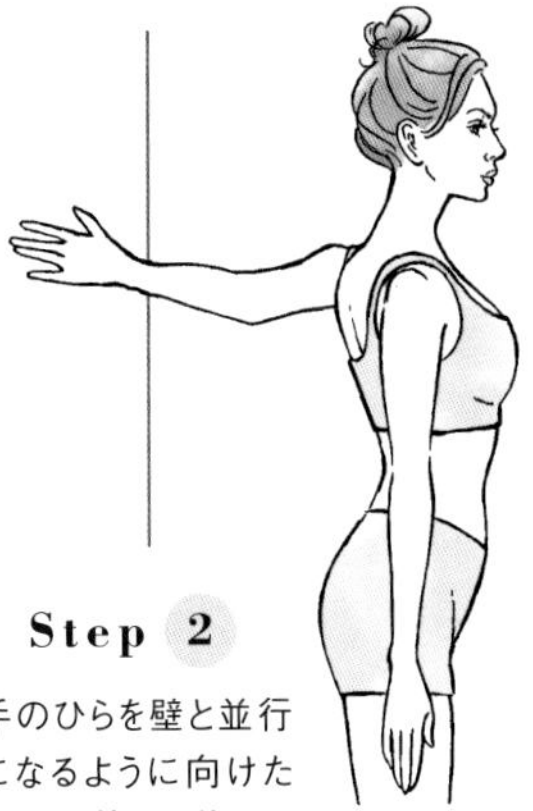

Step 2

手のひらを壁と並行になるように向けたら、壁を使って後ろにぐっと腕をそらし、腕と胸の境目をぐっと引き離すように伸ばす。

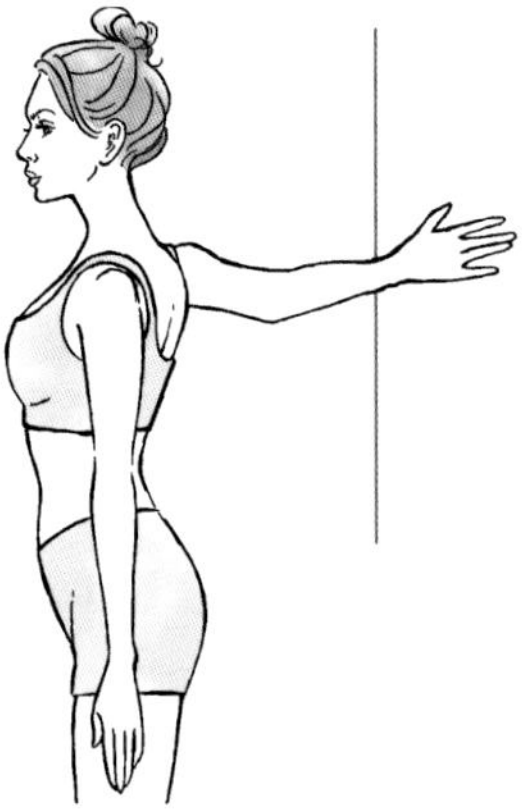

Step 3

そのままの状態で20秒キープし、反対側の腕も同様の動作で20秒キープする。朝晩2回～、できる人は1日数セットしてもOK！

POINT

ストレッチした体勢をキープしているときに痛みを感じるようなら、無理は禁物！痛ければ力をゆるめてOKです。エクササイズを続けて腕の可動域が広がってくればこの動作を自然にできるようになるので、継続しながら少しずつ慣れていきましょう。お風呂上がりの体が温まっている状態のときにやるのもおすすめです。

←詳しいProcess動画はこちらをCheck♡

https://vimeo.com/cellnote/book-body-7

Ⅲ

Foods

食べ物が変わると
「おっぱい」が変わる

美と健康は表裏一体。
理想のおっぱいを育み、全身のシルエットや肌・髪まで含めた
トータルな美を得たいのなら、
口に入れるものに意識を向けて。
ただ食欲を満たすだけの食事や、
栄養の偏った食生活を続けていると
確実にそのツケは「見た目」すべてに現れてきてしまいます。
将来的に美しさをキープした状態で
年齢を重ねていくためにも
正しい「食」と「栄養」の知識を身につけることが大切です。
日々口にしているあらゆるものが
あなた自身の身体をつくり、
おっぱいの細胞を
活性化させてくれているのですから。

食習慣でおっぱいの細胞を活性化させる

多くの方が勘違いしていることのひとつに、「思春期の成長期と妊娠・出産期にしか胸は大きくならない」という思い込みがあります。もちろん、その時期に大きくなりやすいということはありますが、それは決して、この時期を過ぎてしまったら大きくならない、ということではないのです。

おっぱいの成長は細胞活性の働きに連動していますから、40代であろうが、50代、60代であろうが、身体の細胞が元気であればおっぱいは大きくなります。

ただ若い頃と違うのは、放っておいても細胞が活性化してくれる状況ではなくなってきているということ。

年齢を重ねても身体の細胞を元気に保ち、活性促進するために必要なものとは何か。

それは、「酸素」「水」「生体電流」という3つの要素。

細胞のエネルギーの生成や代謝に必要不可欠な「酸素」、運搬や代謝のサポートとなる「水」。そして、体内を流れる微弱な電流で、神経や筋肉の活動や代謝に深く関わる「生体電流」。これら3つがしっかり体内を巡り、機能することではじめて最適な形で細胞が活性化するのです。

そして、この3つの要素を効率的に体内に巡らせて細胞が元気な状態を維持するためには、食生活に意識を向け、必要な栄養素をしっかりと摂ることが欠かせません。

おっぱいを育み、身体の機能にくわえて見た目の若々しさを保ちたいならば、まずは以下のようなことを意識してみてください。

①**1日に最低1・2リットル、できれば1・5～2リットルはお水を飲む習慣をつける。**
②**食品添加物を多く含む食品をできるだけ摂らないように心がける。**
③**行き過ぎたダイエットや偏食をせず、バランスよく栄養素を摂る。**

おっぱいを大きくするにはどんな食生活をすればいいのか、という質問をよく受けますが、私が決まってお答えするのは、この3点です。


まずひとつめ、体内を巡って運搬や代謝のサポートをする役割を担う「水」は、細胞を元気にするためになくてはならないものです。

水分を摂る、という意味ではお茶でも同じじゃないかと思う方もいるかもしれませんが、細胞に届いて作用するのはあくまでも「水」のみ。

お茶の場合、腎臓で水に濾過する作業をしないと細胞に届かないため、少し効率が悪いといえます。ただ、お茶にもさまざまな良い効果がありますから、お水をしっかり飲んだうえでお茶を飲むのであれば、問題ありません。

お水を毎日しっかり飲む習慣づけをすると、デトックスがスムーズにできるようになり、お通じが良くなったり肌が綺麗になったり、血流が改善して肩こりが治ったりと、良いことばかりです。

「お水をたくさん飲むとむくみがひどくなるのでは？」と心配される方がいますが、これは逆。十分にお水を飲んでいない人は「体内に水分を溜め込まないと危険」という指令が脳から出てしまいますが、定期的に十分な量のお水が入ってくるようになると、「水分を排出してもＯＫ！」という指令に変わってきます。

ですから普段むくみを感じやすい方こそ、お水をたっぷり飲むべきなのです。

次に食品添加物についてですが、添加物は細胞の代謝や機能に影響を与える可能性があります。せっかく良質のタンパク質を摂っても、添加物のせいで細胞自体の元気がなくなり、タンパク合成ができないということにもなりかねませんから、注意が必要です。

実は気をつけなければいけない食品として、キャベツが挙げられます。キャベツの中に含まれる「ボロン」という成分が育乳に良いというのは結構知られていますが、キャベツなら何でもいいというものでもありません。

市販されているカット野菜のキャベツの中には、色持ちをよくしたり腐りにくくしたりするために「リン酸」という添加物を大量に入れたプールに漬け込まれてから出荷されていることがあります。

さらに、長時間水分に浸けられることで肝心の栄養分はごっそりと抜け、残るのは食物繊維とそこにまとわりつく添加物のみということも。

これでは、良かれと思って食べているものが逆効果になりかねませんよね。

贅沢をいえば無農薬のオーガニック野菜を頻繁に食べるのが最高ですが、それも難しい場合は、せめてカット野菜ではなく、丸いキャベツを自分で切ったりちぎったりして食べるようにすることをおすすめします。

ただ、食品添加物はもはや完全に避けることはほとんど不可能に近い状態です。

お水を飲んだり腸内環境を整えたりすることでデトックスしやすい体質に整えたうえで、あまり神経質になり過ぎず、できるだけ添加物を摂らないことを意識しましょう。

そして、日々の食事ではタンパク質をメインに、おっぱいのもととなるコラーゲン、野菜に含まれる酵素やビタミンなどの栄養素もバランスよく摂ることが大切です。

後述しますが、おっぱいの大小に関わらず、「痩せたい」「少しでも細くなりたい」という思いから常にダイエットをしている女性は多いと思います。

ですが、過度な食事制限や糖質制限のみで痩せようとするのは、健康にもおっぱいにも決して良い結果を招きません。

身体やその細胞は毎日の食事がつくるもの。

おっぱいの成長のためにも、身体の細胞の若返りのためにも、ぜひ「食」を意識してみてくださいね。

ダイエットとおっぱいの危険な関係

おっぱいを大きくしたいけど太りたくはない。

おっぱいを大きくしたいけど体質的に身体にお肉がつかない。

ダイエットして痩せたいけどおっぱいを小さくしたくない。


いずれもよく聞くお悩みですが、こうした思いを抱く方々に私がお伝えしたいポイントは、「タンパク質を中心に偏りなく栄養のバランスの取れた食事を摂る」「無理をして食事量を制限するダイエットはしない」「姿勢を良くする」ということ。


必要な栄養素を摂るといっても、いまひとつピンとこない方もいるかもしれませんが、まずは肉や魚、大豆などから良質なタンパク質をしっかりと摂ることです。

あれこれ細かく拘らずに好きなものを食べるのはストレスフリーだし、そのこと自体は悪いことではありません。ただ、おっぱいを大きく育てたり、キレイな状態を保ったりするという意味でいえば意識改革が必要です。

たとえばラーメンしか食べない、パスタしか食べない、パンばかり食べている。

そんな食生活では、タンパク質がほとんど摂れていないことになります。

動くための糖質やカロリーはあっても、身体を作る栄養価はない、という状態です。

なぜタンパク質を中心に考えるかというと、タンパク質を摂らなければ女性ホルモンは分泌されず、おっぱいが大きくなることはないからです。

また、おっぱいの主成分であるコラーゲンをしっかり吸収して身にするためには、タンパク質だけでなく、ビタミンCやエラスチン、酵素も重要な働きをします。

さまざまな栄養素をバランスよく摂るからこそ、それぞれの栄養素が良い形で作用しあい、細胞を元気にして身体を作り、美しさを保ってくれるのです。

実は私も知識のない頃は、大きな胸がコンプレックスで悩んでいたこともあり、少しでも細くみられたくて、無理なダイエットを繰り返してきた経験があります。

その筆頭が「食べないダイエット」などの制限系のダイエット。毎食○○だけ食べ続ける、とか、糖質を一切取らない、大幅にカロリー制限をするなど、ダイエットオタクを自称しつつも、知識もないままに話題になるものを次から次へと試しては失敗し、リバウンドを繰り返した時期がありました。

そうかと思えば、今度は食欲が満たせればそれでいい、とばかりに自堕落な食生活を送っていたこともあります。サプリや栄養食品にしても、何がどこにどう効いているのかもわからないままに次から次へと試していたのもこの頃です。

食べなければ当然体重は落ちて痩せますが、しばらくすればリバウンドの嵐。

脚のむくみもひどく、おっぱいは萎んで見るも無惨な状態に……。今より若かったのにすっかり老けてしまった顔を見て、自分でもゾッとしたのを覚えています。

結局、美容と健康は表裏一体。

どちらかだけに比重を置くことで自律神経も乱れますし、それによって変な食欲が湧いたり、ストレスから必要以上に食べてしまったりもしがちなんですよね。

私もこうした失敗ダイエットを経て、きちんと栄養の大切さや効果を学んだことで、今は無駄なく体に良いものを意識的に摂れるようになりました。

年齢こそ重ねましたが、今のほうがよほど若々しく見えるし、体調も絶好調です。


痩せるため、美しくなるため、との思いから恒常的にダイエットしている女性は多いと思いますが、間違った知識で突っ走ってはダメ。

将来的に美しさをキープした状態で年齢を重ねたいのなら、正しい知識を得ること。

特に、必要な栄養素が摂れていないのは女性の身体にとっては危険な状態です。

最悪の場合、月経がストップしてしまう可能性もありますから、体脂肪率20パーセント以下を目指すことはやめましょう。

また、太り過ぎている方の場合はある程度の食事制限も必要ですが、おっぱいを維持しながらダイエットをしたいなら、姿勢改善をしながら運動で痩せるのがベストです。

なぜなら、人間の体は歪んでいるところに肉がつくようになっているから。

歪んだ部分の骨を筋肉や脂肪で支える必要が生じて、仕方なく脂肪がつくのです。

姿勢が改善されると、太れない体質の方でも、おっぱいとお尻からお肉がつくようになりますし、太っている方であれば、あごや背中、おなかから痩せていくようになります。

育乳しながらダイエットをしたいなら、並行して姿勢改善のエクササイズもぜひ、実践してみてくださいね。

美しいカーヴィボディを叶える栄養&食事法

おっぱいが育つ土台作りについて、だいぶご理解いただけてきたでしょうか。

ここではさらに一歩進んで、育乳しながら健康で若々しいカーヴィボディをつくるために必要な栄養素と、具体的な食事方法についてもお伝えしていこうと思います。

バストアップするならタンパク質は必須、ということはこれまでもお伝えしてきましたが、これは、おっぱいのモトとなるコラーゲンをしっかり吸収し、身体に定着させるためにとても大切な栄養素だからです。

美容やダイエットの知識が豊富な方ほど、食事の際にサラダや温野菜など、食物繊維が豊富なものから先に食べる習慣がついていると思います。

これは、先に食物繊維を胃に入れておくことで、糖や脂肪の吸収を抑える効果を期待してのことかと思いますが、実はおっぱいを大きくしたいならば、この食べる順番はおすすめできません。

コラーゲンやおっぱいの脂肪を増やしたい場合、まず一番先に食べるべきは肉や魚、卵や大豆製品などのタンパク質です。

ダイエットを気にするのであれば、赤身の肉や鶏のササミ肉、お魚やエビなどを選べば太る心配もありませんから、うまくセレクトしてみてくださいね。

おっぱいのおよそ7割はコラーゲンといわれており、おっぱいのハリを保つためにも大事なものです。このコラーゲンを体内で生成するためには、タンパク質が必要不可欠。食べたタンパク質は胃で分解され、アミノ酸に変わりますが、その後に細胞に取り入れられ、タンパク合成することでコラーゲンが作られます。

ですから、まずは最初にタンパク質を体内に入れることが大切なのです。

もちろんタンパク質だけではなく、育乳のためには酵素やビタミンC、エラスチンも重要です。

酵素はタンパク質をアミノ酸に分解する際に必要となりますし、ビタミンCは、コラーゲン生成のためのタンパク合成をする際になくてはならないもの。そしてエラスチンにはコラーゲン繊維を束ねる役割があり、おっぱいの弾力を保つ働きがあります。

ちなみに酵素は40代以降になると激減してしまうので、毎日の食生活の中で摂取する習慣をつけるとよいでしょう。

特にタンパク質をたくさん摂る方の場合、酵素を積極的に摂る必要があります。

なぜなら、酵素がなければタンパク質をアミノ酸に分解できず、タンパク質が腸の内壁を汚して肌荒れや体臭の悪化を招くこともあるからです。また、リーキーガット症候群などのアレルギー疾患の原因になることもあります。

酵素は納豆や糠漬けなどの発酵食品にも含まれていますが、やはり一番は生野菜。酵素は熱を通すと死んでしまうため、野菜は蒸したり煮たりせずに生で食べること。

そして、酵素を上手に摂り入れるなら朝の時間帯がおすすめです。

朝は本来デトックスの時間なので、私も朝食は酵素ドリンクやスムージーなどで軽めに済ませています。おっぱいのためだけでなく、美容と健康のためにも、酵素は日々たっぷり摂るように心がけましょう。

一方、コラーゲンやエラスチンは、鳥の軟骨などに多く含まれますが、普段の食事で定期的に一定量摂取するのはなかなか難しいかもしれません。

特にエラスチンは、40歳以降になると体内で生成する力はほぼゼロになるといわれていますが、毎日鳥の軟骨をボリボリ食べるわけにもいかないですよね。

そんなときは、サプリメントに頼るのもひとつの方法です。

私もコラーゲンとエラスチンのサプリメントを摂っていますが、基本的には夜に飲むようにしています。タンパク合成は夜間に行われるため、寝る数時間前に飲むとコラーゲンが増えやすいのです。

ちなみに、同様の理由からプロテインを飲まれる方も、バストアップを目的とするならば、朝よりも夜寝る前に飲むことをおすすめします。

そして最後にもうひとつ、育乳したいけどダイエットも気になるという方こそ、身体を燃焼させるエネルギーである炭水化物もバランスよく摂ることが大切。タンパク質や酵素、ビタミンなどの栄養素だけでなく、良質な炭水化物を1日の前半に少量摂ることで、相乗効果でより美しいシルエットのボディに磨き上げることができるのです。

どんな栄養素をいつ、どう取り入れるかで、身体へ与える効果は大きく変わります。カーヴィでメリハリのある若々しいスタイルを手に入れるためにも、偏らずバランスの取れた食生活を日々、紡いでいきましょう。

食事で「ガマン」しない、神様流プチ・テクニック

さて、ここまでいろいろな栄養素のお話や育乳に有効な食べ方などについてお話してきましたが、おっぱいの神様としては、あまり「あれもしちゃダメ、これをしなくちゃダメ！」というふうには考えてほしくないと思っています。

正しい知識を取り入れることは大事ですが、あれこれガマンしたり頑張り過ぎたりしてしまうことのほうが、おっぱいの成長にはよほど良くありません。

何事も「できる範囲で続けられる程度に」を目安にしてみてくださいね。

そんなわけで、ここでは日常を楽しんだり、無理なガマンをしたりすることなくおっぱいの成長をサポートできる方法を、神様流プチ・テクニックとしてご紹介していきたいと思います。

人生は選択の連続、なんていいますが、日頃の食生活で「どっちにしようかな、どれにしようかな？」と迷った時に、思い出して参考にしてみてください。

◆焼肉するなら○○と食べる

ここまで読んでくださった方ならこれは簡単ですね。
○○に入るのは「キムチ」です。もしくは「サラダ」「生野菜」でもＯＫです。
要するに、タンパク質を食べるときには一緒に酵素も摂ってね、ということ。

キムチなどの発酵食品や生野菜の中には酵素がたっぷり入っていますから、食べたお肉を腸内でしっかり分解して「おっぱいのモト」にしてくれるのです。

焼肉を食べたら太るんじゃない？　なんて思っている方もいるかもしれませんが、それも「食べ方」次第。夜遅く、寝る直前に満腹になるまで食べるとか、脂身の肉ばかりをどっさりのごはんと一緒に食べる、などということを続ければ太るかもしれませんが、基本的に赤身のお肉はタンパク質のなかでも太りにくいのです。

むしろ、油の酸化が早いために体内で活性酸素が発生しやすくなるお魚と比較しても、お肉のタンパク質はとっても優秀。

私自身も、タンパク源はなるべくお肉から摂るようにしています。

◆お酒を飲むなら断然ハイボール！

みなさんは、お酒は好きですか？

私は大・大・大好きです。

もちろん、お酒を飲み過ぎれば身体もむくみやすくなるし、必然的に摂取カロリーも増えてしまいます。どっちが美のためになるのかと聞かれれば、それは「飲まない」ほうが効率はいいと思います。でも、飲みたいのにガマンするの、イヤですよね。

人生の楽しみを減らしてまでガマンし、ストレスを溜めこむのはおっぱいのためにもならないので、私は飲みます（笑）。

でも、一応「おっぱいの神様」ですから、そこはアルコール摂取によるマイナス要素を最小限に抑え「おっぱいに良いこと」に変えるちょっとした工夫はしています。

それは、お酒を飲む際に、水分もしっかり摂れるメニューを選ぶこと。

アルコールを分解する時にはお水が必要になります。私は普段からお客様にも「毎日1．5〜2リットルはお水を飲んでください」と推奨しているけれど、お酒を飲むならもっと飲まないとダメ。

そんなわけで、私はいつもカロリー控えめな蒸留酒、ウイスキーに炭酸水を入れたハイボールを愛飲しています。他にも、水で割るお酒で糖分の少ないものであれば、クエン酸も摂れるレモンサワーや、ウーロンハイ、緑茶ハイなどもおすすめ。こうしたメニューを選べば悪酔いもせず、アルコール摂取によるマイナス面をそこまで気にせずにお酒の席での会話も楽しめるはずです。

◆凝った料理を作れない日は〈育乳味噌汁〉を

おかずを何品も作ったり、凝った料理を作ったりするのって、なんだか面倒に感じる日もありますよね。そんなときは、出来合いのものに一品だけお味噌汁を加えてみてはいかがでしょう。なんならメインを具沢山のお味噌汁にしてしまうのもアリです。

具材には食物繊維が豊富なきのこ類やわかめ、大豆イソフラボンが豊富な豆腐を。温かいお味噌汁で体が温まり、血流が良くなると、セロトニンやドーパミンなどのホルモンも活性化され、バストアップ効果も期待できます。

そして何より、このお味噌汁の最大のメリットは、腸内環境の改善が期待できること。食物繊維には善玉菌のエサとなって腸内環境を整え、急激な血糖値の上昇を抑えてくれる水溶性食物繊維と、デトックス効果が高く水分を吸収して満腹感をもたらしてくれる不溶性の食物繊維がありますが、どちらも整腸効果は抜群です。

ワカメなどの海藻類は水溶性が多く、きのこ類には不溶性が多く含まれますが、これらをバランスよく摂り、腸内環境を整えましょう。


また、おっぱいに良いサプリを飲んでもうまく吸収されずに効果が出にくい、せっかくタンパク質をいっぱい食べているのにおっぱいが大きくならない、という場合は、腸内環境の乱れが原因になっていることも少なくありません。

おっぱいに良いことを色々やっているのに効果が薄い、と感じる方は、ぜひこの〈育乳味噌汁〉を試してみてくださいね。

◆育乳中のおやつはガマンより工夫を

美しいシルエットのボディを保つために「間食は絶対ＮＧ、砂糖は身体に悪いから甘いものは食べちゃダメ！」なんていわれるとやっぱりストレスが溜まっちゃう、と思う方も多いのではないでしょうか。

かくいう私も、食べたいものをガマンするダイエットで何度もリバウンドしてきた経験があります。ガマンを続けることでストレスを溜め込み、自律神経が乱れるくらいなら、ちょっぴり自分を甘やかしてあげるのも大切なこと。

そんな私がいま好んで食べているのが市販の「オカラクッキー」です。

オカラは豆腐を作る工程で大豆を絞った時に出る食材なので、タンパク質もイソフラボンもとっても豊富に含まれていますから、育乳にも最適。

最近ではオカラを使ったドーナツやお豆腐を使ったケーキなどもあるので、そういったヘルシー系の市販のおやつも上手に取り入れてみてくださいね。

また、スイーツを手作りするならば、糖分として精製された白砂糖を使うのではなく、オリゴ糖に切り替えるのもおすすめ。

オリゴ糖は大腸に直接届いて腸内細菌の餌となり、善玉菌を増やしてくれるため、腸内環境を整える効果も期待できますよ。

Issue 4
point

「メンタルづくり」
「エクササイズ」
「食の改善」は
美を叶える三種の神器♡

Issue |5|

「○○」だけで
おっぱいが育つ
5つの法則

Rule 1

ブラジャーを
正しく選んでつける
「だけでいい」

みなさんは、いま現在のご自分のアンダーバスト値を「正確に」知っていますか？

この質問をすると、「ランジェリーショップの方に計測してもらったからわかっています」とか、「体重の増減もないので何年か前のアンダーバスト計測値のままブラジャーを選んでいます」なんていう方が結構いらっしゃいます。

ところが、実際にサロンで計測してみると、ご自身のアンダーバストサイズよりワンサイズ以上小さい数値のブラジャーをつけている方が結構いらっしゃるのです。

いったい、なぜこんなことが起きてしまうのでしょうか。

理由はいろいろあるのかもしれませんが、やはり店舗での計測ですと、服の上から計測することも多く、トップスの厚みを差し引いて実寸を伝えることがあったり、スタッフの方のお気遣いで少し小さめ（細め）なサイズをご提案する、というようなことも少なからずあったりするように思います。

やはり女性ですから、思っていたより細かったことが嬉しいという気持ちもあるでしょうし、多少キツくとも、ムダなお肉をカップに入れ込むことを考えれば、あえてアンダーをキツめにして、お肉が流れないようにしっかりホールドしたほうがいいのでは？

なんて考えてしまうこともあるでしょう。

ところが実際は、アンダーバストのきついブラジャーをつけ続けていて、いいことなどひとつもありません。締め付けによって血流やリンパの流れが滞れば、むくみやすくなって冷えが加速し、脚まで太くなってしまうこともあります。

さらに一番厄介なのが、つけ心地が窮屈なために、少しでも緩めようとして、実際のアンダーバストよりも低めの位置に装着するクセがついてしまうこと。

そうなると胸は、本来あるべき位置からどんどん下垂していき、年齢によるたるみ以前の物理的な「垂れ胸」をつくり出してしまうのです。

アンダーバストのきついブラジャーは、まさに「百害あって一利なし」です。

では逆に、アンダーが緩すぎるブラジャーはどうでしょう。

こちらも、もちろんNGです。

当然のことながら、アンダーバストの緩いブラジャーをつけていれば、胸のお肉は自由気ままに、四方八方に流れ出してしまいます。

おっぱいを美しく整え、なおかつ全身のプロポーションを美しく整えるには、いまのあなたにジャストサイズのブラジャーをつけることが一番です。

体重の増減があればもちろんのことですが、年齢を重ねることで、体重の変化がなくとも身体のシルエットは微妙に変化しています。

いま、この瞬間のあなたが一番キレイな状態でいられるためにも、年に一度は正確なアンダーバスト値の計測をしてみてください。

そして身体に合わなくなったブラジャーは潔く断捨離し、買い替えてしまいましょう。

正確なアンダーバスト値を知るためには、ご自身での計測が難しい場合は、一般的なおしゃれ系ランジェリーショップではなく、補正下着の専門店か、補正下着を取り扱っているショップのアドバイザーさんに値を計測してもらうのがベスト。

ご自身に最適、かつ快適なブラジャーを選び、次にご紹介する正しい装着方法をマスターして「美しいおっぱいづくり」を習慣づけてみてください。

老け胸・垂れ胸を解消して スタイルUPもできる!

正しいブラジャーの装着方法

\ Process /

Step 1

顔ひとつ分をまっすぐ下に下げたところにバストトップ(おっぱい中央の乳首のあたり)がくるようにブラジャーを装着します。

Step 2

脇下から反対側の手を入れ背中側に流れてしまっているお肉を揉み込むようにしながらカップの中に入れ込みます。(左右ともに繰り返す)

Step 3

次に、アンダーバスト下の
胃の辺りからお肉を持ってくるように引き上げてカップの中に入れ込みます。
（左右ともに繰り返す）

Step 4

最後に、脇下から手を入れ、二の腕に流れてしまっているお肉も揉み込みながらカップの中に引き入れます。

（左右ともに繰り返す）

POINT

「老け胸」を印象づけるもの＝バストトップの位置の低さですから、ここを改善するだけで「垂れて、老けた胸」という印象がだいぶ変わります。

正しくブラをつけることは、小胸に悩む方や谷間を作りたい方にはもちろん、大きすぎる胸に悩む方がシュッとしたコンパクト胸をメイクするのにも有効。

横に広がらず太って見えない、すっきりしたバストを演出することができます。

←詳しいProcess動画はこちらをCheck♡
https://vimeo.com/cellnote/book-rule-1

Rule 2

コレをやめる「だけでいい」

❶ ガシガシ育乳マッサージをやめる

「マッサージを3ヶ月間、一生懸命頑張ったのに、なぜかおっぱいが前よりも小さくなってしまって……。先生なんとかしてください」

初めてサロンにいらしたお客様からそんなご相談を受けることが何度もあります。

おっぱいを大きくしたいあまり、日夜頑張ってガシガシとマッサージを繰り返す。

これ、実はかえって育乳の妨げになることがあるのです。

なぜかというと、マッサージによる強い刺激を繰り返すことで、乳腺とそれを支えるクーパー靭帯に傷がついたり伸びたりしてしまう可能性があるからです。

育乳の妨げどころか、おっぱいの変形や下垂を招くことさえあるので要注意。

私自身、おっぱいに悩んでいた30代の頃は自己流のマッサージを繰り返し、どんどん形が悪くなるという悪循環を繰り返したことがあります。

「急がば回れ」というように、物理的な刺激よりも自律神経を整えて姿勢を良くする、同時に食生活を改善することに意識を向けるほうが、実は理想のおっぱいを手に入れる近道になるのです。

❷ ゴリゴリ筋肉トレーニングをやめる

意外に知られていないのが、本格的な筋トレはおっぱいに良くないということ。

胸筋はおっぱいの土台ですから、ここを鍛えましょう、という気持ちもわからなくはないのですが、張りと弾力のあるおっぱいには、ほどよく脂肪がつくことも大事。

ですからゴリゴリに鍛えた筋肉が、かえって邪魔になることもあるのです。

もちろん、軽くエクササイズする程度なら問題ありませんが、胸筋だけをバキバキに鍛えるような本格的な筋トレはＮＧ！

胸筋が発達し過ぎると、筋肉のこりや張りによって胸が左右に離れてしまったり、ひどい猫背になってしまったりすることもあります。

おっぱいのために筋トレをしているのであれば、かえって逆効果になることを知っておきましょう。

筋肉を鍛えたいのであれば、全身を満遍なくトレーニングすること。

そして、マッサージやストレッチ、お風呂でほぐすなどして、こったり張ったりした筋肉をその都度優しくほぐすようにケアすることが大切です。バランスの取れた筋肉の土台があればこそ正しい姿勢が生まれ、美しく脂肪がつくのです。

❸ 盛り過ぎレモン型パッドをやめる

おっぱいの大きさって、実は脱がなきゃわからない……。

女性なら、そんな気持ちを少なからず持つことがあると思います。

だからこそ、分厚いパッド付きの「寄せて上げる」ブラジャーがロングセラーになるわけです。

でも、実はこのレモン型の寄せ上げ用パッド、つけ続けるとおっぱいにとって非常に良くないことが起こってしまうことがあります。

おっぱいは身体の部位の中でもとても柔らかいため、パッド入りのブラジャーをつけ続けることによって、謎のへこみのある歪んだおっぱいになってしまうのです。

もちろん、ここぞという日に数時間、こうした機能のブラジャーをつけてファッションを楽しんだり、デートに挑んだりするのは問題ありません。

ですが、特に理由もなくデイリーに愛用しているのであれば、今すぐブラジャーの見直しを！　キレイに整ったお椀型のおっぱいを目指しているなら、お椀型のブラジャーを選ぶことです。

日々の「寄せ上げパッド」依存は、今日をもって卒業してしまいましょう。

❹ うつ伏せ携帯チェックをやめる

おうちでリラックスしているとき、みなさんは普段どんなポーズで過ごしていることが多いですか？

何をしているかにもよると思いますが、なんとなく携帯を眺めているときなどにうつ伏せの体勢になっていることが多い、という方もいらっしゃるのではないでしょうか。

これ、左右のおっぱいが離れてしまう「離れ胸」の原因になります。

うつ伏せというのは、自分の体重をかけておっぱいがグッと押し潰されている状態。

この状態で何時間も過ごすということは、クーパー靭帯を伸ばされ、おっぱいが悲鳴をあげている状況を自ら作り出してしまっていることになります。

さらにこの「うつぶせ体勢」のときにアンダーサイズのキツめなブラジャーなどをしているとさらに大変なことが！

おっぱいのお肉がワイヤーを飛び出し、脇から横に流れ出してしまうのです。

日頃からうつ伏せの体勢をとらないようにするだけでも、おっぱいの負担とストレスは激減します。ぜひ意識してみてくださいね。

⑤ 美とおっぱいの大敵・喫煙習慣をやめる

若い世代の方だと、喫煙習慣がある方はあまり多くないのかもしれませんが、タバコには細胞活性を妨げたり、血流の低下や血管の収縮を招いたりする作用があるため、おっぱいにも良くないと考えられています。

とはいえ、長年の嗜好品依存や喫煙習慣を断ち切るのはなかなか難しいこと。

実は私自身も長年タバコを吸っていたのですが、スパッとやめられた方法があります。

「人間の欲求は20秒しか持たない」

あるときこんな説を耳にした私は、この説を信じて実践してみました。

「あー、タバコ吸いたいな」と思った瞬間、それまでの私ならばすぐにタバコに手を伸ばしていたところを、20秒数えることにしたのです。

そして「吸いたい欲」が消えるのを待つ。しばらくして「やっぱり吸いたい！」と思ったらまた20秒待つ。

これを何度も何度も繰り返しているうちに、いつしか禁煙に成功していました。

食欲も一緒で、猛烈な空腹を感じても20秒過ぎると確かにその勢いはなくなります。

ダイエットにも応用できそうなこの方法、みなさんもぜひ試してみてくださいね。

Rule 3

質の高い睡眠をとる「だけでいい」

おっぱいはもちろん、心身ともにベストな状態に整えるためには自律神経が大事、というお話はこれまでにもたくさんしてきましたが、そのための最も簡単な手段といえるのが「睡眠」です。

何も考えずにリラックスして眠ることは、メンタルや自律神経はもちろん、細胞の活性化をはじめとするあらゆる「美」に有効なのです。

ただ、なかなか眠れなかったり、眠りが浅くて途中で何度も目覚めてしまったりするような場合は、質の良い睡眠がとれているとはいえません。

このような浅い眠りをレム睡眠と言いますが、これは、身体が休んでいても脳が活動してしまっている状態のことで、自律神経の乱れによって休息のための副交感神経が優位になれないことから生じています。

私も何か新しいアイデアが浮かんだり、やりたいことを考えて興奮状態になったりしてしまうと、眠りたいのに眠れないなんていうことがよくあります。

これは、全身を巡る血液が脳に集中しているために起こること。

そんな時は、ぬるめのお湯にゆったり入浴することで頭に集中した血液を全身に巡らせたり、胃に血液を送るために何か少しだけ食べたりするのも有効です。

それから、これはちょっぴりアダルトなお話ですが、セックスやセルフセックスをすると生殖器に血が集中するので、これも質の高い睡眠へ誘導するためのひとつの手段といえるかもしれません。

また、育乳を意識した睡眠をとるならば「寝るときの姿勢」も大事なこと。

基本的にはみなさん、「仰向け」「横向き」「うつ伏せ」のいずれかの姿勢で眠る方がほとんどだと思いますが、まず、圧倒的に避けてほしいのが「うつ伏せ寝」です。

「うつ伏せでの携帯チェックをやめる」でも説明しましたが、うつ伏せで何時間も眠るということは、おっぱいを潰した状態で長時間過ごすということ。

胸のお肉が脇に流れると、「離れ胸」の原因にもなってしまうので要注意です。

そして、結構多いかなと思うのですが、実は「横向き寝」も良くありません。

当たり前ですが人体の構造上、頭より肩のほうが出っ張っていますから、この姿勢を長くとることでものすごく肩が内側に入ってしまうのです。

肩が内に巻くクセが定着して「巻き肩」になると、首や肩がこるだけでなく、猫背も悪化しておっぱいの成長の妨げになります。

私も以前は横向き寝がクセでしたが、当時はものすごく猫背でおっぱいの形も悪く、悩んでいました。

そんなわけで、育乳のためにベストな寝る姿勢は「仰向け寝」です。

ただ、コンパクトな胸の方であれば「仰向け寝」もそんなに苦じゃない、という方が多いかと思いますが、胸が大きくて悩んでいるほどの方であれば、仰向けで眠るのは苦手、と感じる方も結構いらっしゃると思います。

おっぱいが大きな方が「仰向け寝」がつらいのは、胸が重いのはもちろん、上を向いた状態で寝るとおっぱいが左右に流れてしまうことではないでしょうか。

そんなときは、胸が中央に寄った状態をつくってくれるナイトブラがおすすめ。

特にDカップ以上の方で、寝ていると胸が横に流れる人にはナイトブラがマストです。

また、骨格的に「離れ胸」になりやすい鳩胸気味の方も、24時間の中で胸が中央に寄った状態を少しでも長く継続することが大切です。

近年は、育乳を謳ったナイトブラもよく見かけますが、理論上はナイトブラをつけること＝おっぱいを大きくできる、というわけではありません。

いつかは私も「おっぱいの神様」として理想のナイトブラを作りたい、という野望がありますが、現状のところ、ナイトブラはワイヤーがない分、カップやアンダーのサイズなどの細分化がされておらず、選べるサイズの選択肢がさほどありません。

ＳかＭかＬの３択などから選ばなければならないとすると、ジャストサイズのナイトブラを選ぶのは少し難しいともいえます。

特に胸のサイズが小さめな方は、横に流れてしまうこともないはずですから、ナイトブラを着用することで締めつけ感や、寝苦しさを感じるようならば、無理をして着用しないほうが質の高い睡眠が得られるのではないかと思います。

おっぱいの神様流♥

仰向け寝しやすくなる方法

「仰向け寝」が苦手、という方のために、私が「横向き寝」から「仰向け寝」に転換する際に実践していた方法をご紹介します。

♥バスタオルくるくる巻き

仰向きで寝づらい方の場合、圧倒的に枕が高過ぎて寝づらくなっている可能性が高いです。ご自身の頭の形、首の傾斜にぴったりのオーダーメイド枕があれば一番良いのですが、なかなかぴったりの枕に出会えない場合にぜひ試してほしいのが、バスタオルをくるくる巻いて首の窪みのところに入れて眠る方法。これは首こり、肩こりの改善にもなるのでおすすめです。

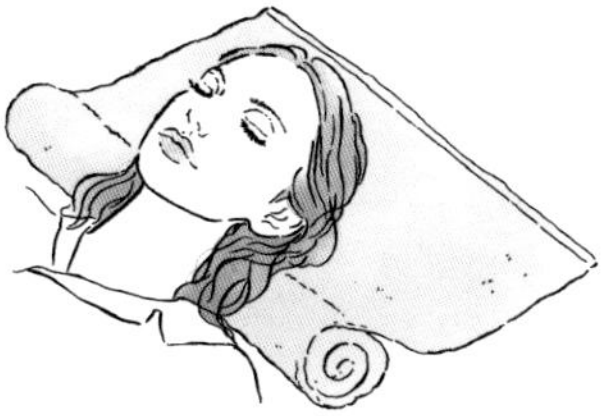

♥ホテル枕２個使い

これは、出張などでホテルに宿泊する際や枕がふわふわで高すぎる場合に限った裏技なのですが、巨大な枕を2つ横に並べて、真ん中にできた窪みの部分にスポッと頭を埋めて眠る方法です。この体勢では物理的に横向きやうつ伏せにはなりにくいため、朝までしっかりと仰向けの体勢のままで眠ることができます。

Rule 4

身体を温める
「だけでいい」

みなさんは、「美人体温」ってごぞんじですか？

これは、平熱が36・8度という、平均値より少し高めの体温のことを指します。

このほんの少しの体温の差が人間の身体にとって、とても有効に働き、美にもつながることから「美人体温」というふうに言われています。

なぜなら、体温が高めの状態を保っている場合には全身の血の巡りが良くなるため、身体の細胞も活性化しやすく、自律神経が整って肌もキレイになりやすいからです。

反対に、低体温では血流の低下や冷えから自律神経の乱れを招いたり、細胞の活性化を阻害するだけでなく、がん細胞なども繁殖しやすくなったりすると考えられています。

おっぱいの施術をしていても、やはり体温が高めな方は施術の効果が出やすいものですし、平熱が低めで35度台しかないという方ほど、効果が出るまでに時間がかかると感じます。人間の身体は細胞を活性化することで化学反応を起こし、コラーゲンをつくっていますから、細胞が元気になりにくい低体温の状態ではおっぱいも大きくなりにくい、ということがいえると思います。

私のサロン「Ｒｏｃｏｃｏ」では、１回の施術で血流を14％もあげてくれるマシーンを使っており、施術によって体温を上げることが可能なのですが、マシーンを使わないセルフケアでも体温を上げる方法はいくつかあります。

まずひとつめは、湯船にゆったり浸かってリラックスすること。

特に、温めたタオルを首の後ろ（神経の集合体が通る脳幹の部分）にあててしっかり温めることで、自律神経も整いやすくなります。

シャワーしか浴びられない日はここにシャワーを当てて温めるだけでもＯＫです。

次に、口に入れる飲食物に気をつけて、季節を問わず、できるだけ冷たいものを摂り過ぎないようにするのも有効です。

普段から冷蔵庫でキンキンに冷やした飲み物や、氷をたっぷり入れた飲み物が好き、という方は、まずは氷を入れずに飲むクセをつけてみましょう。ちなみに、お水のように量をたっぷり飲む場合ですが、これはできれば常温で飲むことをおすすめします。

そして、食事の献立を考える際には、そのうちの一品でも良いので温かい汁物を加えることを心がけてみましょう。

また、身体を温め美人体温に近づけるためには、定期的なエクササイズを継続し、習慣化するのも効果的です。

ゴリゴリなハードトレーニングではなく、ストレッチや軽めの有酸素運動など、ほんのり汗ばむ程度のエクササイズを実践することが、長く継続するコツでもあります。

4章のボディ編でご紹介したおっぱいのためのエクササイズなどは、どれも簡単に、手軽にできるものばかり。

毎日のルーティンの中に上手に取り入れることで、体温ＵＰにもつながるはずです。

いまは体温が低めという方でも、こうした入浴・飲食物の見直しと日常的なエクササイズでセルフケアを続けていけば、少しずつでも体質が改善され、「美人体温」に近づけていくことが可能です。

もちろん、「そんなの面倒！」という方は、サロンに施術を受けに来ていただければマシーンですぐに体温の上昇を感じていただくこともできますので、ぜひ一度いらしてみてくださいね♡

Rule 5

おっぱいに
クリームを塗る
「だけでいい」

―塗るだけでおっぱいが大きくなる―

そんなセリフを、みなさんもこれまで幾度となく聞いたことでしょう。

おっぱいに悩んだことのある人なら、人生で一度は「育乳」や「美乳」をうたったクリームや美容液を試したことがあるのではないでしょうか。

私も人一倍といわず、人十倍ほどは様々なアイテムを使ってきました。

それなりに効果の感じられたもの、まったく何も起きなかったもの、ただ肌がしっとりしただけのものなど、その効果は種々様々でした。

いつかは自分自身でも本当に効果を実感できる育乳クリームを作りたいと思っていたところに、その理想を叶えるクリームをプロデュースするチャンスをいただき、完成したのが「BV LINE GEL+PRO」（通称セルノート プロ）です。

販売元であるcellnote.さんには、もともとBV LINE GEL+というバストケアクリームがあり、それを使わせていただいた瞬間、「コレはすごい、本当に効くかも！」と感じたのがきっかけです。

でも、おっぱいの神様がプロデュースするなら、もっととんでもない効果を出せる、まさに「努力を一足飛びにする秘薬」といえるものを世に出したいと思いました。

そして試行錯誤のうえで完成したのが、おっぱいの神様プロデュースの「BV LINE GEL＋PRO」です。

もともと素晴らしい技術や成分へのこだわりのある会社ですから、ベースとなる既存のクリームにおいても、安心かつ効果を感じられる成分を使っていることが魅力だったのですが、特に私が注目したのは「ボルフィリン」という成分。

これは、ハナスゲ根から抽出されたサルササポゲニンという成分から生まれたもので、脂肪細胞の増殖などに深く関わると考えられている新成分。フランスで実績のある会社が開発し、特許を取得したものです。

おっぱいにハリや弾力を与え、ふんわりとボリュームのあるマシュマロおっぱいに育てるためにはこの成分が欠かせない、と感じた私は、この「ボルフィリン」の配合率を限界まで高め、高濃度になるように調整してもらいました。

加えて、コラーゲン生成のためのサポートとなるビタミンCや、さまざまな成分の効果を最大限に引き出すための成分なども配合し、自分でも納得のいく結果を出せるクリームを生み出すことができたのです。

さらにおっぱいへの作用だけでなく、心地よく使っていただくためには香りも大切。心と身体を癒し、女性ホルモンを活性化する作用があるといわれている最高級のダマスクローズの香りを採用し、よりハイグレードなクリームに仕上げた自信作です。究極の面倒くさがり屋さんは、ぜひこちらを試してみてくださいね。

BV LINE GEL+PRO

税抜　¥12,000円
（税込¥13,200円）

♡ご購入はこちら♡
cellnote.公式サイト
https://cellnote.jp/products/cellnotepro.html

BV LINE GEL＋PRO
（セルノート プロ）の塗り方

基本的にはただ塗るだけでOKなクリームですが、時にはゆったりと、私のこだわりのダマスクローズの香りを楽しみながら、そしてリラックスしながら「マッサージ塗り」を実践していただければと思います♡

\ Process /

Step 1

おっぱいのサイズに合わせ、100円玉〜500円玉大程度の分量を手のひらに出す。（伸びが良いので少なめでもOK）

Step 2

脇の下から「おっぱいはがし」をするようにして圧をかけながら、胸を寄せあげるようにゆっくりやさしく塗り込んでいく

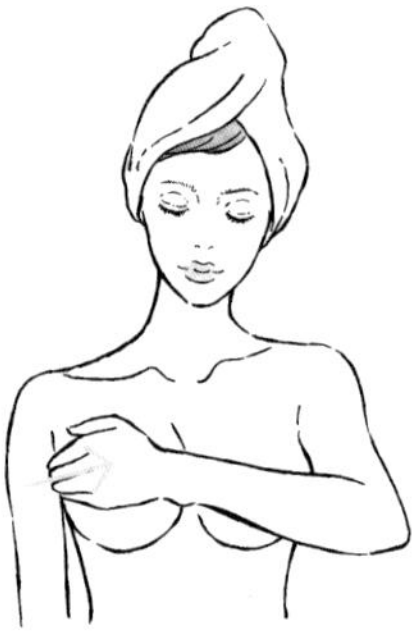

Step 3

両胸を塗ったら、鎖骨下リンパから片側づつ、スーッと二本指で滑らせるように圧をかけ、引き上げながらなじませる

←詳しいProcess動画はこちらをCheck♡

https://vimeo.com/cellnote/book-rule-2

Issue 5 point

面倒くさがりさんこそ
「〜だけでいい」ことの
習慣化と継続を!

番　外　編

おっぱいの神様の「○○だけ」愛用アイテム

頑張らなくても、ガマンしなくても、おっぱいのためにできることはたくさんあります。ここでは、面倒くさがりかつ、効果はとことん追求する私が実際に日々愛用している「美おっぱい」を叶えるためのアイテムをいくつか厳選してご紹介させていただきます♡

たっぷり酸素が摂れる細胞活性に最適な水

Water

私が毎日たくさん飲んでいるのがこの天然水。特許技術を使った特別な処理をすることで、水本来のおいしさを味わえます。この水が他と違うのは高性能フィルターを使った「非加熱無菌常温充填」という方法によって、カルシウムやミネラル成分はもちろん、細胞活性に不可欠な生きた酸素がたっぷり摂れるところ。おすすめです。

ファストプロウォーター　グランプロ(500ml)
／Esthe Pro Labo

Enzyme

ハーブザイム®113GP（右からオラックス、プレーン、ジンジャー）／Esthe Pro Labo

選べる3種の効果&飽きない美味しさが魅力

　おっぱいの成長はもちろん、ダイエットにも健康にも欠かせない酵素ですが、1日の食事ではなかなか摂取できない場合も多いので、私は毎朝こちらを愛飲中。酵素たっぷりのプレーンに、美肌効果を高めるオラックス、温活にも良いジンジャー。113種類の国産植物を贅沢配合し、ヒノキ樽で自然発酵された酵素は、どれも嬉しい効果がいっぱい。

Vitamin C

ビタミンCプレミアム／Esthe Pro Labo

オールマイティに効く私の必須サプリ!

　ハリと弾力のあるおっぱいを育てるためのタンパク合成に欠かせないのはもちろん、美肌効果や免疫力アップ、がん予防まで、ビタミンCの持つ底力は計り知れません。

　このスティックは1本でビタミンCを2000mg摂れるのですが、ここまでの量を食事で摂るのは難しいため、サプリで摂るほうが効率的。私は毎日コレを1～2本飲んでます。

100%植物由来の
こだわり乳酸菌サプリメント

Lactic acid bacteria

日本古来の食文化から生まれた発酵食品の「植物性乳酸菌」をベースに、152種類もの国産植物由来の酵母を配合した乳酸菌サプリ。腸内環境が整うことでデトックス効果が高まるので、お通じにも美肌にも嬉しい効果があります。痩せ体質のお客様で、おなかが弱いために食べてもなかなか太れない、という体質の方にもおすすめしています。

フローラバランスEXグランプロ／
Esthe Pro Labo

「エラスチン」プラスαの
欲張り優秀サプリ

Elastin

普段の食事からだけではなかなか補いきれない「エラスチン」を、2粒で1日推奨量の75ml摂取できてしまうお手軽なサプリメント。おっぱいの大事な構成要素、コラーゲン繊維をサポートしてくれるエラスチンが高配合されていることに加えて、大豆イソフラボンやマカ、ザクロ、コラーゲン、ビタミンC、プラセンタなど、女性に嬉しい成分がいっぱい！

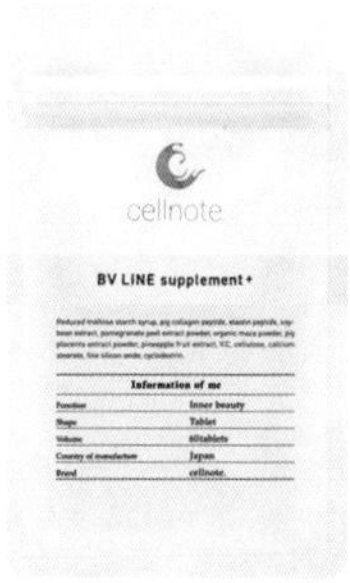

BV LINE supplement+／cellnote.

Hydrogen

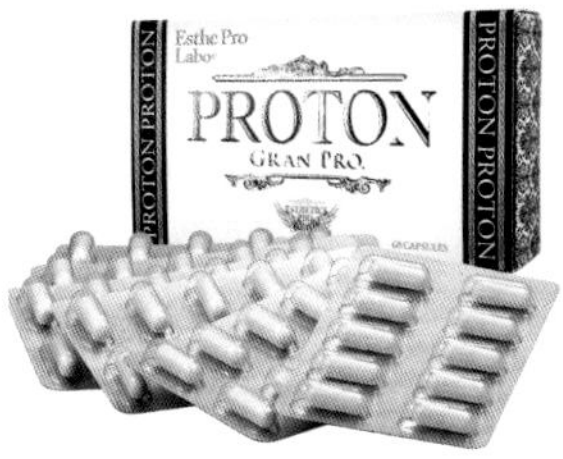

プロトングランプロ（60粒入り）／Esthe Pro Labo

究極の浄化作用をもつ「水素」にハマり中

水素を身体の中で発生させてくれるサプリメント。私自身はお酒を飲みすぎた翌朝のむくみ予防の効果を実感して愛用し始めたのですが、水素の効果はそれだけではありません。水素は宇宙一小さい物質とされ、脳幹の狭い関門を通れる唯一の物質。自律神経を整えるだけでなく、究極のアンチエイジング効果をもたらすとも言われているのです。

Hydrogen

THE BATH POWDER 36.5／FLEXiA
（サロン専売品／㊫Rococo赤坂店）

美肌&美人体温が叶う魔法のバスパウダー

こちらも水素なのですが、サプリではなくバスパウダーなんです。実直に研究を重ねる職人気質の美容メーカーが作っているだけあって、その効果は絶大。細胞の隅々まで水素が行き渡るのか、頭皮からつま先まで、角質が綺麗に取れてつるんとした美肌に。これを入れたお風呂に入ると、全身がポカポカに温まって身体の巡りがとてもよくなるんです。

Bust Care

塗るだけでおっぱいがジンジンしちゃう秘薬

プロデュースした私自身も大のお気に入りのBV LINE GEL+ PRO（セルノート プロ）。肌なじみがよく、スーっと伸びるテクスチャーや大好きなローズの香りも心地よいのですが、なによりも塗った瞬間におっぱいがジンジンする「効いている実感」がたまりません。コレを使ってしまってからはもう、他のおっぱいクリームには浮気できません♡

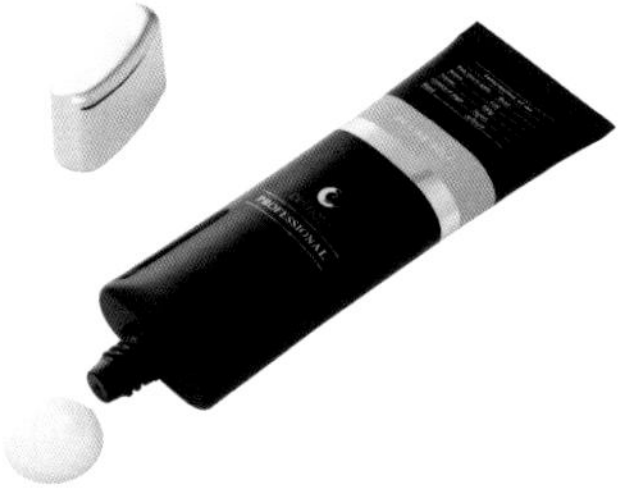

BV LINE GEL+ PRO／cellnote.

Fem Care

透明ピンクの桜色おっぱいにしたいならコレ♡

デリケートゾーンはもちろん、乳首の色に悩む方にも最適な薬用美白クリーム。

メラニンの生成を抑制し、シミやそばかすを防ぐプラセンタエキスや消炎作用を持つグリチルリチン酸2K、水溶性コラーゲンなどをたっぷり配合し、美しいハリ肌に整える効果が盛りだくさん♪　独自の技術で成分をナノカプセル化しているので、肌の奥までスッと浸透します。

FeMish CLEAR／cellnote.

商品問い合わせ先

cellnote./ 042-279-5110（平日10:00〜18:00）
Esthe Pro Labo/ 0120-911-854（平日 9:30〜18:30）
FLEXiA/（Rococo赤坂店/03-6807-4501）

Conclusion

私はガマンしない、頑張らないのがモットー。

そんなふうにいうと、よく言われることがあります。

「でも、結構努力するよね？　それって頑張ってるんじゃない？」と。

たしかに（笑）。

私は興味を持ったことに対しては、人一倍調べて自分で納得しなければ気が済まないオタク気質ですし、おっぱいのためには医学書はもちろん、心理学や人体構造の本を読み漁るほどです。

でもこれ、私の中では、ガマンして必死に頑張っているわけではないのです。

これを超えた先に、たくさんの人が喜んでくれたり、幸せな笑顔を見られたりするかもしれないと思うと、何よりまず私自身がワクワクして幸せな気持ちになれるから。

努力はするけど、それはしたいからしていること。

それは、前向きな自分の夢のため。

その代わり、「あれはダメ、これもダメ！」といわれるようなガマンはしない。

それは何より、「ガマンするのをやめたらおっぱいはのびのび育つ」ということを、私が自分の人生の実体験を通して学んできたからに他なりません。


もともとは、三人姉妹の長女として、生真面目な性格で生きてきた私。

お姉ちゃん気質という言葉がありますが、まさに「妹たちのお手本になるようにしなくちゃ」という思いで頑張り過ぎることもあったのだと思います。

自律神経を乱して顔もボロボロになったり、体調を崩しやすくなったり……。

そんな私が33歳で離婚、初めて妹たちのお手本にならないことに踏み切った時には、挫折感で10キロも痩せました。

そんなボロボロの私に対して、家族は全く変わらず、怒ることもなく責めることもなく、当時の傷ついた私を受け入れてくれました。

結局、私は一人で勝手に「頑張らなきゃいけない病」にかかっていたのです。

そういう方って、きっと私ばかりじゃないと思います。

この時代、さまざまなものが一瞬で移り変わる中で、幸せの価値観も美に対する価値観も揺れ動いています。ストレスや苦しさを抱えながらも、毎日一生懸命に過ごしている方もたくさんいるでしょう。

ストイックに頑張ることで充実感や達成感を持てるならば全く問題ないのですが、頑張りすぎてつらい気持ちになってしまうのであれば、それは不要な「ガマン」です。

特に日本人は、ガマンすることが美徳だと思っているところもあるのかもしれません。

でも、そのガマンは美徳じゃなくて毒。ガマン＝ストレスです。

そのガマンこそが、あなたのおっぱいを自由にさせない要因なのです。

長年この仕事をしていると、肌の質感、感触だけでもその方の自律神経が乱れているのはわかります。お肉が妙な感じでフニャっとしているのです。

そういう方のなかには、肌荒れしている方も多いですし、必要のない部分に力が入ってしまって小刻みに震えている方も少なくありません。

おっぱいに悩む方、そして施術の効果がすぐに出にくい方に共通しているのが、この自律神経の乱れだと気づいたとき、私の中で大きな変化がありました。

ただバストケアをする、ただ施術をするというだけではなくて、お客様の持つ悩みのその先にあるものを見てあげること。

そして、その改善に向けてサポートすることが私の役割だと気づいたのです。

10代後半や20代から美容の専門職として活動してきた方々と比較すれば、銀行員として働いていた私の美容のプロとしてのキャリアは長くはありません。美容職の経歴が長い方と同じステージで生きるなら、その方々を超える知識と技術を磨くしかない。

そして、「おっぱいの神様」と名乗るからには嘘のない本物の技術を提供したい。

本当に実感できる効果を出せる施術メソッドを考案するためには何が必要か。

どんな技術者ならばお客様が全幅の信頼を寄せて頼ってくださるのか。

最高のプロフェッショナルな技術・接客とはどんなものか。

まずは自分が思い描ける最上級の理想の形をイメージングして型をつくり、そこに向かって努力するのみ。それが私、「おっぱいの神様」寺澤佑実子の原動力です。

私のメソッドでは、おっぱいが変化するだけでなく、身体の細胞が変わります。

細胞が元気な状態に変わると何が起こるか。

全身が若返り、成長できる状態に身体の土台が変わるのです。

元気な細胞が体の隅々まで行き渡ると、気・血・水の巡りも良くなり、太っている方はおなかや二重アゴから痩せていき、痩せ過ぎている方はおっぱいとお尻からふくよかになっていきます。

つまり、おっぱいが整うことで、全身のスタイルまでが劇的に向上するのです。

おっぱいが小さい、大き過ぎる、垂れている、離れている、左右差がある……ｅｔｃ．

だからもうだめだ、おしゃれも恋愛も楽しめない。

そう思いこんで無用なストレスを溜めこんでいる方こそ、変われる伸び代があります。

まずは本書でご紹介したメンタル・エクササイズ・食生活を実践してみてください。

「おっぱいの神様」は、いつからでも、どんなふうにでも変われるあなたになれるように、見放さずにサポートすることをお約束します。

『おっぱいの神様』寺澤佑実子

おっぱいの神様とRococoについて

おっぱいの神様 • 寺澤佑実子

－バストアップ専門サロン『Rococo（ロココ）』代表－

Profile

オリジナルのバストアップメソッドをもとに生み出した「おっぱいの神様®施術」により、累計3万人以上のバスト悩みを解決に導いてきた実績を持つ。

現在も、自身が代表を務める『バストアップ専門サロンRococo』の赤坂店、銀座店で施術を担当するほか、施術者育成のためのバストアップメソッドスクールの講師も務める。

顧客それぞれの骨格や体型、バストの悩みに寄り添った「結果の出るバストアップ」施術に定評があり、著名人の顧客からの信頼も厚い。

◆バストアップのためのコンテンツを発信するYouTubeチャンネル『ぱいチャン』も好評配信中。

YouYube チャンネル「ぱいチャン」

『おっぱいの神様®』各種コンテンツまとめ

顧客には著名なタレント、インフルエンサーの方々も多数！

みゆちゃいさん（インフルエンサー）

4年ほど長く通ってくださっているインフルエンサーさんで、最近はご自身のアパレルブランドも展開中。プライベートでも仲良くしていただいていて、恋愛のお話で盛りあがることも♪

曽田茉莉江さん（タレント）

よく通ってくださっていた茉莉江さん。先日ご自身の挙式の前に「デコルテの開いたウェディングドレスを綺麗に着るために」ということで、再び施術を受けにいらしてくださいました♡

うんぱいさん（セクシー女優）

うんぱいさんとはまだ女優デビューする前からのお付き合いで、大切な撮影前にはいつも通っていただいてます。プライベートでは、一緒に食事にいったりカラオケバーで大騒ぎした事も♪

KIEさん（ファッションモデル）

フリーでモデルさんとして活躍しつつ、最近はYouTubeでも人気のKIEさん。3年ほど通ってくださっていますが、水着などの撮影がある前は必ずおっぱいケアに来てくださいます♡

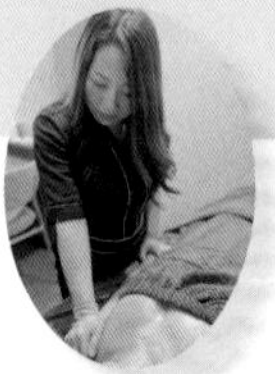

おっぱいの神様の
施術を体感できる!

Roccocoの
サロンはこちら♡

バストアップ専門 マシュマロバスト® Rococo（ロココ）
赤坂店 Akasaka

寺澤先生の施術が
受けられる店舗♡

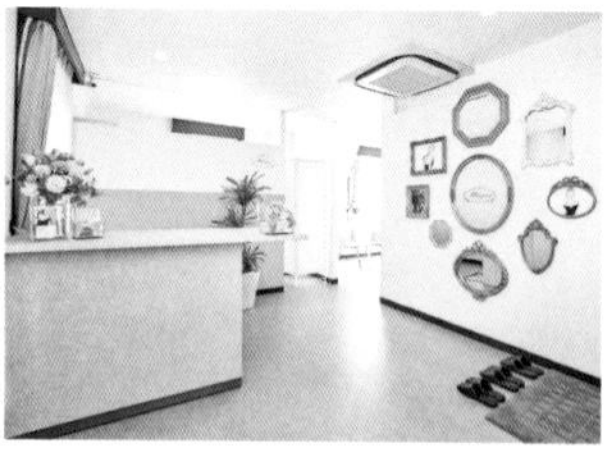

〒107-0052
東京都港区赤坂3-14-1
CONTINENTAL AKASAKA Ⅳ 5F
平日 12:00〜21:00
土曜日 11:00〜19:00
定休日:日曜日・月曜日　03-6807-4501

バストアップ専門 マシュマロバスト® Rococo（ロココ）
銀座店 Ginza

寺澤先生の施術が
受けられる店舗♡

〒104-0061
東京都中央区銀座6-2-3
Daiwa銀座アネックス4F
平日 12:00〜21:00
土曜日 11:00〜19:00
定休日:日曜日・月曜日　03-6264-5987

TOKYO　バストアップ専門 マシュマロバスト® Rococo（ロココ）
表参道店 Omotesando

Rococoのサロンは
他にもいっぱい♪

〒107-0061
東京都港区北青山3-11-7 Aoビル 2F
平日 12:00〜21:00
土日 11:00〜19:00
不定休
03-4500-1327

バストアップ専門 マシュマロバスト® Rococo（ロココ）
恵比寿店 Ebisu

〒150-0021
東京都渋谷区恵比寿西1−10−7
MMSビル8F
平日 12:00〜21:00
土日 11:00〜19:00
不定休
03-6823-7609

NAGOYA　バストアップ専門 マシュマロバスト® Rococo（ロココ）
名古屋駅店 Nagoya station

〒450-0002
愛知県名古屋市中村区
名駅2丁目41-17 OA第二ビル6F
平日 12:00〜21:00
土曜日 11:00〜19:00
定休日:日曜日・月曜日
052-561-3552

バストアップ専門 マシュマロバスト® Rococo（ロココ）
栄店 Sakae

〒460-0008
愛知県名古屋市中区栄3-6-20
辰晃ビル903
平日 12:00～21:00
土曜日 11:00～19:00
定休日:日曜日・月曜日
052-253-5000

OSAKA　バストアップ専門 マシュマロバスト® Rococo（ロココ）
心斎橋店 Shinsaibashi

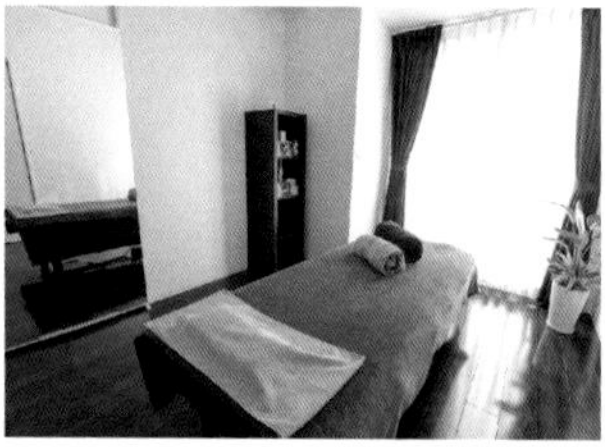

〒542-0081
大阪府大阪市中央区南船場4-8-4
BRISE南船場502
平日 10:00～20:00
土日 10:00～18:00
定休日:月曜日・木曜日
06-6606-9106

FUKUOKA　バストアップ専門 マシュマロバスト® Rococo（ロココ）
薬院店 Yakuin

〒810-0011
福岡県福岡市中央区高砂1-8-8
サンクス渡辺通501
11:00～20:00
不定休
092-753-7880

各種メニューやSHOP情報、ご予約は
Rococo(ロココ)公式サイトへ
https://rococo-bust.com

TOPICS

寺澤先生プロデュースの美胸クリーム「BV LINE GEL +PRO」の販売元である「cellnote.」公式サイト特設ページにて、本書籍でご紹介したエクササイズの動画が視聴できます。著者の寺澤佑実子先生ご本人によるレクチャー動画を参考にして、おうちでお手軽に「おっぱいの神様の美胸メソッド」を体感してみてください。

◆「cellnote.」公式HP内
特設ページ

こちらから動画をcheck!
https://cellnote.jp/book_movie/

STAFF

ブックデザイン/岡 泰司(泰司デザイン事務所)

表紙装丁・イラスト/吉田なおこ

構成・編集/打矢麻理子

制作/ Lilith Edit

編集統括/原田秀司(双葉社)

協力/蓮見智威

バストを整えてマイナス10歳♡

ー全身のシルエットが見違える!ー

2023年8月21日　第一刷発行

著者　寺《てら》澤《ざわ》佑《ゆ》実《み》子《こ》

発行者　庄盛克也
発行所　株式会社 双葉社

〒162-8540 東京都新宿区東五軒町3番28号
TEL　03-5261-4818(営業)　03-5261-4826(編集)
http://www.futabasha.co.jp/
(双葉社の書籍・コミック・ムックが買えます)

落丁・乱丁の場合は送料双葉社負担にてお取替えいたします。「製作部」宛にお送りください。
ただし、古書店で購入したものについてはお取替えできません。TEL03-5261-4822(製作部)
本書のコピー、スキャン、デジタル化等の無断複製・転載は著作権法上での例外を除き禁じられています。本書を代行業社等の第三者に依頼してスキャンやデジタル化することは、たとえ個人や家庭内の利用でも著作権法違反です。
定価はカバーに表示してあります。

ISBN978-4-575-31816-6　C0076

©Yumiko Terazawa 2023 printed in japan